A Daniel

Die Bedeutung der materiellen Leiblichkeit

in dem Weltplane Gottes, eine heterodoxe Studie

A Daniel

Die Bedeutung der materiellen Leiblichkeit
in dem Weltplane Gottes, eine heterodoxe Studie

ISBN/EAN: 9783743473324

Hergestellt in Europa, USA, Kanada, Australien, Japan

Cover: Foto ©ninafisch / pixelio.de

Manufactured and distributed by brebook publishing software (www.brebook.com)

A Daniel

Die Bedeutung der materiellen Leiblichkeit

Die Bedeutung

der materiellen Leiblichkeit

in dem Weltplane Gottes.

Eine heterodoxe Studie

von

A. Daniel.

Πάταξον μὲν, ἄκουσον δέ.
Plut.

Heidelberg.
Carl Winter's Universitätsbuchhandlung.
1881.

Inhalt.

	Seite
Einleitendes	1
Materie und Materialität	6
Materialität der Anfang der Wege Gottes	8
Die principiellen Bedenken gegen, und die Gründe für die Werthschätzung unserer Materialität	19
Materialität das Ende der Wege Gottes	36
Die Irrationalität des üblichen Begriffes der himmlischen Leiblichkeit	55
Außerbiblische Zeugnisse für die Richtigkeit unserer realistischen Anschauung	64
Schluß	103

Einleitendes.

Es ist von jeher so gewesen, daß die speculativen Köpfe sich viel lieber in hohen und eingestandenermaßen der menschlichen Erfahrung undurchdringlichen Regionen umhertummelten, als daß sie die einfachen Grundbegriffe, auf denen allein ein in die höheren Gebiete hineinragendes Gebäude fundamentirt werden kann, völlig klar zu stellen suchten. Man hat in die Weglosigkeit des ἄπειρον und ἄβατον hinein ganze Luftschlösser von Systemen gebaut, die dem Unkundigen durch raketenhafte Aperçus, durch glänzende Combinationen von Bekanntem und Unbekanntem und durch tönenden Wortschwall den imponirenden Eindruck der Großartigkeit und Solidität zugleich machten. So hat von Alters her die philosophische Speculation, anstatt mit der Durchdringung der alltäglichsten und nächstliegenden Fundamentalbegriffe sich zu beschäftigen, an den großen kosmogonischen und kosmologischen Problemen sich versucht, oder hinter dem grünen Tisch der „engen Bücherei" in tragischer Verwechslung von Denken und Dasein, aus dem Nichts des Gedankens das All des Daseins herausconstruirt. So hat die naturwissenschaftliche Speculation bis auf die neueste Zeit, bis auf den Hylozoismus Büchner's und die Entwicklungslehre Darwin's und Häckel's eine kolossale Unsumme von werthvollen Einzelbeobachtungen in ein kosmogonisches System gebracht, dessen Fundamentalbegriffe aber jeder Fundamentirung entbehren. Leider ist's mit der Theo-

gelegentlichen Bemerkungen unserer Dogmatiker, welche meist mit einer fast unglaublichen Oberflächlichkeit über die Sache hingehen, findet man nur sehr wenige, und meist nicht einmal von Theologen, sondern von Philosophen ausgehende Specialarbeiten über diesen Begriff. Es ist das eine unentschuldbare Versäumnis, die sich auf der einen Seite dadurch gerächt hat, daß man sich selbst in immer engerem Kreise verrannte, und auf der anderen Seite dadurch, daß von einer Theologie, die mit den gegebenen Größen der realen Welt sich so wenig vertraut zeigt, die gebildete Welt sich abgewandt hat.

Wenn ich mir nun erlaube, die Fragen, welche sich an den Begriff der Leiblichkeit knüpfen, zum Gegenstande einer erneuerten Controverse zu machen, so schicke ich zunächst voraus (1. Prämisse), daß es nicht angeht, die menschliche Leiblichkeit gesondert von aller anderen Leiblichkeit zu betrachten. Die Leiblichkeit des Menschen wie die aller anderen Geschöpfe richtet sich nach dem Lebensbereiche, in dem sie sich befindet. Wäre die Leiblichkeit des Menschen eine andere, als sie jetzt ist, so würde sie in dem jetzigen Lebensbereiche nicht existiren können, da diesem die Elemente entnommen sind, aus denen sie besteht, und da in diesem auch die Existenzbedingungen liegen, unter denen sie sich erhält. Es besteht eine Solidarität innerhalb der mit Leiblichkeit behafteten Schöpfung Gottes. Eine Solidarität, welche so groß ist, daß — wie die Spectralanalyse, zugleich in Bestätigung der naturwissenschaftlichen Hypothese von dem Ursprung aller gesonderten Weltexistenzen aus ein und derselben Weltmasse ergibt — daß eben dieselben stofflichen Elemente, aus welchen die tellurischen Wesen bestehen, auch die gesammte Astralwelt bilden. Und es muß eine solche Solidarität bestehen, so gewiß die Schöpfung Gottes ein Ganzes ist, aus einem Guß, nach einem großen Gottesgedanken construirt. Ja wir können sagen: sie muß bestehen, so gewiß

1*

ein Gott ist und nicht eine Vielheit von Göttern. Und eine Solidarität zwischen der menschlichen Leiblichkeit und der gesammten anderen geschöpflichen Leiblichkeit muß bestehen, so gewiß wir Grund haben, den Menschen nicht blos als die Krone, sondern auch als den Mittelpunkt des in der Schöpfung sich realisirenden Gottesgedankens zu betrachten, d. h. so gewiß der Mensch — wenn wir in der Schöpfung eine Offenbarung der Gottesherrlichkeit sehen — bestimmt ist, den Brennpunkt der Ausstrahlungen dieser Gottesherrlichkeit zu bilden.

Ist dem nun so, so ergibt sich mit logischer Consequenz aus dieser ersten die zweite Prämisse: daß — während das Gebiet des Anorganischen theils die Unterlage, theils die Staffage, theils die Existenzbedingung für die organische Welt abgibt, — die Leiblichkeit der organischen Geschöpfe, wie schon ihr Name sagt, nicht eine beliebige Daseinsform ist, in der sie sich präsentiren, sondern das der jedesmaligen organischen $\psi\upsilon\chi\acute\eta$ entsprechende Organon. Jede Leiblichkeit organischer Wesen ist das Werkzeug, durch welches dieselben mit einem ebenso leiblich gearteten Lebensbereiche sich in Beziehung setzen, ihre Existenz sich schaffen und erhalten, und die ihrer Idee entsprechende Wirksamkeit oder Lebensbethätigung ausüben.

Dabei soll nicht verkannt werden, daß diese Zweckbestimmtheit, insbesondere der menschlichen Leiblichkeit, nicht ihre einzige ratio ist. Wären unsere Glieder lediglich dazu da, um Organe zu sein, so würden wir vielleicht mit einem mehr affenmäßigen Körper haben ausreichen können. Aber Gott ist zu groß, um in seiner Schöpfung lediglich einen blanken Utilitarismus walten zu lassen. Die Bestimmung der menschlichen Leiblichkeit: die Offenbarung und die Hülle einer zur Theocentricität bestimmten $\psi\upsilon\chi\acute\eta$ zu sein, ihr Fürsichsein und ihr Außersichsein zu ermöglichen, diese Bestimmung muß nothwendig auch mit der diese Würde des Menschen symbolisirenden Idee der Schönheit und des Ebenmaßes sich verbinden. Ähnliches gilt mutatis mutandis von der Leiblichkeit aller anderen organischen Wesen. Aber zu der Bestimmung der Leiblichkeit, Organ der ψυχή, Bindeglied zwischen ihrer Lebensbethätigung und ihrem Lebensbereiche zu sein, verhält sich diese Complication doch nur accidentell.

Diese beiden unzweifelhaften, allgemein zugestandenen und eigentlich selbstverständlichen Gedanken: 1. die Leiblichkeit eines Wesens und vor allem des Menschen muß immer conform und consubstanziell der Leiblichkeit seines Lebensbereiches sein, und 2. die Leiblichkeit aller organischen Wesen hat in erster Linie die Bestimmung Organ zu sein, stelle ich als Prämissen absichtlich voran. Denn die theologische Speculation, welche nicht umhin kann, sie in thesi zuzugeben, läugnet in praxi, wenn auch unbewußt, die Folgerungen, welche sich daraus für unsere Frage ergeben. Sie würde, wenn sie sich diesen Folgerungen nicht verschlösse, nicht geringe, aber der logischen Ehrlichkeit und der schriftmäßigen Wahrheit entsprechende Änderungen des üblichen kirchlichen Lehrbegriffes vornehmen müssen.

Dem Nachweis dieser Behauptung sollen die nachfolgenden Ausführungen dienen.

Materie und Materialität.

Wenn wir das gesammte Gebiet der gegenwärtigen diesseitigen Leiblichkeit überschauen, so sehen wir, daß zwei Momente jede Leiblichkeit constituiren: Form und Materialität. Es gibt in der gesammten diesseitigen Welt — nothwendigerweise cf. Prämisse I — kein Ding oder Wesen, welches nicht diese beiden Kennzeichen an sich trüge. Die Form ist das Wechselnde, die Materialität das Bleibende bei allen Veränderungen, welche mit der Leiblichkeit eines Dinges oder Wesens vor sich gehen. Es kann die Leiblichkeit verschiedene Aggregatzustände durchmachen, aber das Kriterium der Materialität bleibt unverändert, ob ein Gegenstand in fester, flüssiger oder gasförmiger Gestalt sich befindet. — Auch die neuesten Entdeckungen englischer und deutscher Physiker, welche die Möglichkeit eines vierten Aggregatzustandes an dem Vorhandensein der „strahlenden Materie" constatiren, ändern daran nichts. — Es können ferner Qualitätswandlungen durch chemische Processe hervorgerufen werden, aber auch davon bleibt die Materialität der Leiblichkeit unberührt. Es ist immer nur die Form, welche wechselt*).

---

*) Daß die Form ein constituirendes Moment der Leiblichkeit sei, erleidet keine Ausnahme. Auch die gasförmigen Körper haben, so gewiß sie Körper sind, eine Form. Auch die atmosphärische Luft hat im Großen eine durch die Anziehungskraft der Erde bedingte Form und im Einzelnen, in ihrer atomistischen Gliederung, eine besondere Atomenform.

Zum Begriff der Materialität nun gehören folgende unveräußerliche Merkmale: Raumerfüllung oder Undurchdringlichkeit, Theilbarkeit und Gewicht. Alle sonstigen, in physikalischen Handbüchern angegebenen Merkmale sind nur accidentelle Eigenthümlichkeiten der Materie. Diese drei sind allein von der Materialität unabtrennbar. — Das Gewicht dürfte vielleicht auch nicht als unbedingtes Kriterium stehen bleiben müssen, da das Gewicht eines Körpers immer nur eine vorhandene Relation zu anderen Körpern ausdrückt. Absolutes Gewicht gibt es nicht. Ein Körper wiegt ein Kilo, das heißt nichts Anderes als: der Druck, welchen er infolge der Anziehung seitens der Gesammtmasse der Erde auf seine Unterlage ausübt, ist derselbe, welchen ein Kilo-Gewicht ausübt. Derselbe Körper, welcher auf der Erde ein Kilo wiegt, würde auf dem Monde bedeutend weniger, auf der Sonne bedeutend mehr wiegen. Doch muß man einstweilen dies Merkzeichen der Materialität stehen lassen. —

Die genauere Untersuchung der Frage: was ist die Materie? gehört nicht hierher. Für unsere Betrachtung genügt die Bemerkung, daß die Materie nach übereinstimmender Deutung aller Naturforscher dasjenige ist, was uns einen je nach den verschiedenen Aggregatzuständen verschiedenen Tastwiderstand entgegensetzt, bezw. entgegensetzen kann; oder noch deutlicher und umfassender: Dasjenige, dessen quantitativen und qualitativen Verschiedenheiten und Veränderungen wir mit unseren Sinnen wahrnehmen können. Daß dieser Tastwiderstand, bezw. die sinnliche Wahrnehmbarkeit keineswegs der bloße Effect wirkender Kräfte ist, sondern von etwas wirklich den Raum Erfüllendem ausgeht, das glaube ich aber hervorheben zu müssen. Denn wenn auch etliche atomistische Naturphilosophen in der Verlegenheit, das Atom definiren zu sollen, dasselbe für den Central-, oder den Coincidenzpunkt der entgegengesetzt wirkenden Kräfte der Attraction und Repulsion ausgegeben haben, so muß man doch sagen, daß auch unzählige Billionen von solchen unkörperlichen Kraftpunkten nie den Schein der Raumerfüllung und die Erfahrung des Tastwiderstandes erwecken können. Die Hoffnung, die ganze materielle Welt in eine bloße Phantasmagorie, ausgespannt über den Abgrund des unendlichen Nichts, verflüchtigen zu können, ist durchaus eitel. Und wenn es auch vielleicht mit Zuhülfenahme mystischer Elemente gelingen sollte, hie und da Einem so viel Sand in die Augen zu streuen, daß er die Möglichkeit, daß aus mathematischen Punkten und Linien — denn nichts anderes sind die Kraftcentra, die man Atome nennt — Flächen und Körper entstehen könnten, nicht mehr anzweifelt, so muß man diese Möglichkeit doch sofort durch das Zugeständniß wieder vernichten, daß es qualitativ verschiedene Naturkörper gibt, deren Verschiedenheit wenn nicht lediglich, so doch vornehmlich in der Verschiedenheit ihrer Atomformen beruhen muß. Haben aber die letzten Theile, die Atome, eine bestimmte Form, füllen sie also in irgend einer Weise den Raum aus, so sind sie ohne Frage noch etwas Anderes, als bloße Kraftcentra. Und dies „Andere" ist eben ihre Stofflichkeit.

Materialität der Anfang der Wege Gottes.

Trägt nun also jede Leiblichkeit innerhalb der jetzigen Ordnung der Dinge Materialität an sich, so fragt sich zunächst: Ist das ursprünglich so gewesen, oder ist das, wie die moderne positive Theologie theils ausdrücklich behauptet, theils stillschweigend voraussetzt, erst unter Einwirkung einer furchtbaren Katastrophe so geworden?

Da ist nun zuvörderst hervorzuheben, daß man billig absehen kann von den Phantasieen derer, die, gestützt auf eine problematische Auslegung von Judä 6, die gegenwärtige Welt lediglich als eine göttliche Correctur einer von satanischen Gewalten und Geistern zerstörten früheren Schöpfung ansehen, welcher eben deshalb noch eine solche Unvollkommenheit anhaftend geblieben sei, daß sie nur ein Nothbehelf, aber keine bleibende Wohnstätte für die Menschen habe sein können. Nicht minder kann man absehen von der allerdings in geistvoller Weise von Culmann in seiner Ethik vertretenen Meinung, daß innerhalb des biblischen Sechstagewerkes der Fall der Engel stattgefunden habe. Und da habe denn Gott, schon in der Schöpfung einer guten und vollkommenen Welt begriffen, eine Änderung seines Schöpfungsplanes vornehmen müssen, damit nicht der Teufel und seine Engel die vielen noch ungebunden gewesenen Lebenskräfte an sich rissen, und eine satanische Schöpfung der göttlichen entgegensetzten. Es läßt sich zwar nicht leugnen, daß diese Behauptungen die Erklärung manches dunklen Punktes erleichtern. Wir erinnern beispielsweise an das Vorhandensein der unzähligen Sternwelten, die wegen der notorischen Unfähigkeit der meisten, Wohnplätze organischer Wesen zu sein, als übereilte Fixirungen vorhandener Elementarkräfte erscheinen könnten. Wir erinnern an die verschiedenen geologischen Perioden der Erdentwicklung, welche so etwas wie ein unsicheres Tasten und Suchen nach einem vollkommneren Lebensbereiche für die Menschenwelt bekunden könnten. Wir erinnern an die von der Bibel scheinbar vorausgesetzte Thatsache, daß der Garten des Paradieses nur einen Theil der bewohnbaren Erdoberfläche gebildet habe, während draußen Dornen und Disteln wuchsen. Aber wir glauben, daß man lieber einige bis jetzt unerklärte Räthsel hinnehmen muß, als daß man Gott etwas seiner absolut Unwürdiges zur Last legen darf. Und eine solche Schwäche, wie die beiden genannten Ansichten sie Gott andichten, würde seiner unter allen Umständen unwürdig sein. Gott ist zu reich an Schöpferkraft, als daß er, im Begriff ein Centrum seiner Offenbarungsherrlichkeit zu schaffen, sich mit einer zertrümmerten Welt hätte behelfen müssen. Gott ist zu groß, um seine Weltidee im Werden von geschaffenen Geistern durchkreuzen zu lassen und dann mit einer weniger vollkommenen Schöpfung sich und den Menschen zu begnügen. Ja noch mehr. Entweder sind die vorerwähnten Phantasieen Wahrheit, und dann müssen wir einen durchaus unbiblischen Dualismus von einem Ormuzd und einem Ahriman annehmen, und auf der anderen Seite zugeben, daß die Menschheit, so wie sie aus Gottes Hand hervorgegangen war, nicht befähigt gewesen sei, den Brennpunkt der göttlichen Offenbarung darzustellen, bezw. daß mindestens die Sünde eine nothwendige Folge der vorhandenen Unvollkommenheit gewesen sei — oder sie sind eitle Hirngespinste, und dann hat auch die Bibel Recht, wenn sie mit dem sechsmal wiederholten Worte: „und Gott sahe an, was er gemacht hatte und siehe, es war sehr gut", alle solche Zwischenacte und Prologe in Trümmer schlägt. —

Die angeführten Räthsel in der Schöpfung Gottes mögen als solche stehen bleiben, bis es gelingt, ohne argumenta ex silentio aus der Bibel zu entnehmen, eine annehmbare Erklärung zu bringen, oder bis wir aus dem Lande des Glaubens in das des Schauens kommen. —

Die Frage, mit der wir, lediglich der Bibel folgend, es zu thun haben, ist die: war das Paradies ein ebenso materielles, stoffliches Stück Welt, als die jetzige Welt oder nicht?

Diese Frage ist ungemein wichtig, wie thöricht sie auch klingen mag. Denn abgesehen einstweilen davon, daß das Paradies als die Wohnstätte eines vollkommenen Anfanges nothwendigerweise das Existenzbereich der Menschheit auf der neuen Erde wird bilden müssen, wo das paradise lost zum paradise regained werden muß, — abgesehen davon ist doch die Entscheidung über diese Frage unumgänglich zur Erweisung oder Zurückweisung der landläufigen und mehr oder weniger bewußt allen orthodoxen Systemen zu Grunde liegenden Behauptung, daß die Materialität unserer Leiblichkeit etwas Irrationelles, etwas nicht sein Sollendes und darum zu überwindendes sei, ein niederer Zustand, der einmal einem weniger materiellen höheren weichen müsse.

Damit nämlich, daß man das als Axiom hinstellt, ist nichts bewiesen, als der Mangel an wissenschaftlicher Voraussetzungslosigkeit. Jeder Bau, den man auf dieser Voraussetzung aufbaut, ist von vornherein nur ein Luftschloß. Es ist im Interesse der christlichen Wahrheit schmerzlich zu bedauern, daß man das so wenig fühlt, und über die nähere Begründung dieser Ansicht so oberflächlich hinweggeht, als ob die Erklärung ex cathedra professoris oder pastoris genügen müßte, die Realitäten der gegenwärtigen Welt à fonds perdu zu nehmen, und jedem die Warnungstafel: hic niger est, hunc tu Romane caveto um den Hals zu hängen, jeden einer materiellen Richtung zu beschuldigen, der es wagt, für die Materialität eine Lanze zu brechen*).

---

*) Es verhält sich eben durchaus nicht so, daß Vertheidigung der Materialität und Richtung aufs Materielle zusammenfallen. Die species naturae und die species morum darf man nicht ohne Weiteres in Zusammenhang bringen, geschweige denn mit einander verwechseln. In der Materialität liegt keineswegs an sich schon die Nothwendigkeit, materiell oder materialistisch zu sein. Die Materialität hat keineswegs etwas mit unserem ethischen Verhalten zu thun. Daß die Materialität einem geistigen Aufschwunge nicht von vornherein im Wege steht, zeigen uns schon die schönen Künste, die Malerei, die Plastik und die Musik, die in ihren Productionen mit durchaus materiellen Mitteln einen Eindruck hervorrufen, welcher die Materialität völlig vergessen macht. Wer denkt bei dem Anblick eines Gemäldes von Rafael an die Farben, die er gebraucht und an die Leinwand, die er übermalt hat? Oder bei einem Apoll vom Belvedere an das kohlensaure Kalkstück, aus dem der göttliche Kopf gemeißelt ward? Oder bei dem Gewoge von Tönen in einem Beethoven'schen Trio, von wem das Clavier gebaut, aus welchem Holze die Cremoneser Geige gemacht und von welchem Schafe die Därme genommen sind, die solchen Klang geben? Und daß einem Aufschwunge zur sittlichen Vollkommenheit die Materialität keineswegs ein unüberwindliches Hinderniß entgegensetzt, zeigt uns die sündlose Person Jesu Christi unwiderleglich.

Um nun auf unsere Frage zurückzukommen: war das Paradies und die paradiesische Leiblichkeit weniger materiell, als die jetzige? so ist zunächst zu constatiren, daß viele moderne Theologen diese Frage bejahen. Sie berufen sich dabei auf die unläugbare Thatsache, daß das Paradies augenblicklich ein verschwundenes ist, daß alle Versuche, seine geographische Lage ausfindig zu machen, vergeblich gewesen sind. Ja sie stellen selbst die Meinung auf, es sei das Paradies geradezu von der Erde hinwegversetzt und werde aufbehalten in einer höheren, über Raum und Zeit erhabenen Welt. Sonst hätte Christus dem Schächer nicht sagen können: „heute noch wirst Du mit mir im Paradiese sein", sonst hätte Paulus nicht entzückt werden können bis in's Paradies, 2. Cor. 12, 4, sonst hätte Johannes den Herrn nicht sagen hören können: „wer überwindet, dem will ich zu essen geben von dem Holze des Lebens, das im Paradiese Gottes ist". Apoc. 2, 7.

Allein nüchterne Ausleger, Calvin an der Spitze, haben je und je zugeben müssen, daß das Paradies als Gegenstand der Sehnsucht, als das Ideal, mit dem das weltmüde und heimwehvolle Herz über die jetzige Trauerexistenz in der sünden-, leidens- und todesvollen Welt sich erhebt, nur ein sprichwörtlicher und viel gebräuchlicher bildlicher Ausdruck war. Es sollte eben die Fülle der Herrlichkeit und des Heimatsgefühles damit bezeichnet werden, das Einen da beschleicht, wo kein Leid und kein Geschrei, kein Tod und keine Zeit mehr ist. — Die materialistische Welt redet in ganz ähnlichem Sinne von ihrem Paradiese, von ihrem sprichwörtlich gewordenen „Eldorado". — Und will man eben mehr noch in den angezogenen Stellen finden, nun so lege man in den bildlichen Ausdruck das, was das Wesen des Paradieses ausmachte, die kindlich innige, herzliche und unschuldige Gemeinschaft des Menschen mit seinem Gott.

Jedenfalls aber will der Verfasser des ersten Buches Mosis einer ideologischen Verflüchtigung des Paradieses das Wort nicht reden. Denn daß das Paradies als ein Garten beschrieben wird, in dem es Bäume gab mit Blüthen und Früchten, in welchem Thiere sich befanden, die zu dem Menschen geführt werden konnten, daß er sie benennete — mit dem Zusatze: wie der Mensch allerlei lebendige Thiere nennen würde, so sollten sie heißen, Gen. 2, 19, ein Zusatz, welcher die Continuität zwischen der paradiesischen und der jetzigen Thierwelt ausdrücklich voraussetzt — daß ein Essen von den Früchten der Bäume im Garten dem Menschen zugeschrieben wird, daß ihm Fleisch und Bein, wenigstens Rippen, zugeschrieben werden, und vor Allem, daß Gott den paradiesischen Menschen bildete aus einem „Erdenkloß", aus irdischen Stoffen, das Alles beweist ganz unzweifelhaft, daß nach der Bibel die Materialität der ursprünglichen menschlichen Leiblichkeit, consubstantiell der gesammten übrigen Paradiefeswelt, nicht weniger materiell gedacht werden darf, als unsere jetzige Leiblichkeit es ist.

Daß diese biblische Anschauung sowohl mit den astronomischen und spectroscopischen Beobachtungen neu auftauchender entlegenster Sterne, deren Licht, wie man annimmt, jetzt erst die Erde trifft, als auch mit der, eine Consubstantialität der gesammten Schöpfung voraussetzenden und folgernden Kant-Laplace'schen Weltentstehungstheorie im Einklang steht, begnügen wir uns aus dem früher Bemerkten zu wiederholen. Aber daß der biblische Realismus mit der aus den geologischen Funden selbstverständlich sich ergebenden Folgerung völlig stimmt, daß in keiner Entwicklungsperiode die irdische Welt weniger stofflich gewesen ist als heute, und daß demzufolge die menschliche Leiblichkeit auch je und je nur ebenso stofflich hat sein können, als ihr Lebensbereich, das ist billig hervorzuheben.

Kann man sich nun aber dem Eindruck nicht verschließen, daß nach den Berichten der Genesis die Leiblichkeit der ersten Menschen ebenso stofflich gedacht werden muß, als unsere jetzige Leiblichkeit es ist, so bleibt der stofffeindlichen Theologie nichts

Anderes übrig, als zu behaupten: „Die Materialität der paradiesischen Existenzform war zwar eine ursprüngliche und mit der jetzigen im Großen und Ganzen übereinstimmende, aber sie sollte allmählich zur reinen Idealität verklärt werden. Mit der geplanten ethischen Vertiefung des Menschen in Gott würde eine Verklärung des Menschen und per consequens der ihn umgebenden Natur Hand in Hand gegangen sein". — Nun, wir können eine auf diesem Wege erfolgende umfassende „Verklärung" völlig und willig zugeben. Aber wenn damit gesagt werden soll, daß durch den Zuwachs einer größeren δόξα auch die Leiblichkeit des Menschen wie der Natur weniger materiell oder gar stofflos hätte werden müssen, so müssen wir uns dagegen entschieden verwahren. Das würde ein durchaus unrichtiger Syllogismus sein. Die größere δόξα eines Wesens hat mit seiner Materialität nichts zu thun. Nichts mit dem Aggregatzustande seines Körpers, sondern nur zunächst mit dem geistigen Aggregatzustande seiner Seele. Diese Veränderung muß sich allerdings nach außen hin reflectiren, aber sie kann naturgemäß nur eine Veränderung der äußeren Form, des Gesichtes, der Züge, der Haltung, der Manieren etc., aber nicht eine Veränderung der Stofflichkeit erzeugen. Und selbst wenn sie diese erzeugen könnte, so würde doch nicht damit gesagt sein, daß sie dieselbe nothwendig erzeugen müsse*).

Daß wenigstens die Gesammtanschauung der Schrift die Thatsächlichkeit einer solchen Veränderung nicht lehrt, wird später bewiesen werden.

Bezüglich der paradiesischen Leiblichkeit aber muß behauptet werden, daß für die Annahme einer Bestimmung derselben zu immer größerer Entstofflichung in dem mosaischen Schöpfungsberichte auch nicht der mindeste Anhaltspunkt liegt. Wohl aber dünkt uns, liegt eine scharfe Widerlegung derselben in der sechsmal wiederholten Bemerkung, daß alle Werke Gottes in seinen Augen gut, ja sehr gut gewesen seien. Zwar dies „gut" läßt sich mit „völlig zweckentsprechend" übersetzen, und würde für den Menschen die weitere Entwicklung nicht ausschließen, sondern einschließen. Aber es werden doch auch zugleich die Naturwesen, erst für sich, dann zusammen mit dem Menschen, als völlig zweckentsprechend bezeichnet. Und das sind Wesen, welche keine ethische Zweckbestimmtheit für sich haben, deren ganze Zweckmäßigkeit lediglich darin liegt, daß sie befähigt sind, den Kreislauf des natürlichen Lebens, des Werdens und Wachsens, des Blühens und Fruchtbringens, der Ernährung und Fortpflanzung, vermöge ihrer natürlichen Beschaffenheit abzuwickeln. Dann aber ist es nach dem von allen Seiten anerkannten Grundsatze, daß zwischen dem Menschen und seinem Lebensbereiche in körperlicher Hinsicht eine Homogeneität stattfinden müsse, unläugbar, daß der Ausdruck: „es war alles sehr gut", auf den Menschen angewandt, unter Anderem besagen muß: Die Leiblichkeit des Menschen war eine so vollkommene, daß sie unverändert die Basis für seine gesammte geistige und sittliche Entwicklung abgeben konnte.

Da man nun aber vielseitig die Folgerichtigkeit dieser oder einer ähnlichen Schlußkette unbewußt hat anerkennen müssen, so hat man, um seine Vorliebe für eine mehr geistartige oder gespensterartige stofflose Leiblichkeit zu begründen, weiter behauptet: „daß der Mensch allerdings bei seiner Schöpfung und im Garten des Paradieses eine materielle Leiblichkeit gehabt habe, welche zur Erreichung seiner irdischen Ziele völlig zweckentsprechend gewesen sei. Aber die paradiesische Existenzform habe nur ein interimistischer Zustand sein sollen. Der Mensch sei von Anfang an nicht für ein ewiges Leben in der Paradieseswelt bestimmt gewesen, sondern er habe nach erreichter ethischer Vollkommenheit durch den Tod — allerdings durch einen sanften Tod, oder durch eine Himmelfahrt — in eine höhere Existenzform in einer himmlischeren, mehr geistigen, jedenfalls stofflosen Welt übergehen sollen."

Dabei hebt man dann mit Aufwand von vielen, leider

nur aus der jetzigen sterblichen Leiblichkeit des Menschen hergenommenen und darum nichts beweisenden Gründen hervor, daß: „materielle Leiblichkeit haben" und: „sterblich sein" nothwendig zusammenfallen müsse. „Der Mensch, von Erde genommen, müsse wieder zur Erde werden. Vermöge der durch Essen und Trinken unterhaltenen Verbindung mit der entstehenden und vergehenden materiellen Schöpfung sei ihm die Nothwendigkeit zugewachsen, selbst körperlich zu veröden." Indeß wissenschaftlich dürfte diese Ansicht doch sehr anfechtbar sein. Denn was ist es, was den Lebensproceß in uns unterhält, was den Stoffwechsel in uns vor sich gehen läßt? Ohne Frage doch die Seele, die Lebenskraft, oder wie man's nennen will. Die Seele selbst aber ißt und trinkt nicht, sondern benutzt nur diese Sunctionen, um die Idee der menschlichen Leiblichkeit zu verwirklichen. Liegt denn nun etwa in der Seele die Anlage zu sterben, oder reden wir nicht mit Recht vielmehr von einer „unsterblichen" Seele? Und müssen wir demzufolge nicht behaupten, daß die Seele an sich von der Berührung mit irdischen Stoffen nicht angegriffen werde? Ist es da denn etwa undenkbar, daß die Seele eine solche Fülle von Leben schaffender und unterhaltender Kraft entwickeln könnte, daß sie, sobald sie den Organismus auf den Höhepunkt seiner Entwicklung und Ausbildung gebracht hat, im Stande wäre, mit immer gleichbleibender Energie den Stoffwechsel zu unterhalten? Und wenn das gegenwärtig nicht mehr geschieht, weist uns das denn nicht mit Nothwendigkeit auf die Annahme, daß eine von innen kommende Verderbniß der Seele diese ihre Fähigkeit genommen habe?

Und eben diese, u. E., wissenschaftlich nicht widerlegbare Behauptung ist ohne Frage die einzig mit der Bibel übereinstimmende, während die Behauptung einer ursprünglichen Sterblichkeit des Menschen durchaus mit den heiligen Urkunden nicht in Einklang gebracht werden kann. Wenn ausdrücklich der Tod als der Sünde Sold bezeichnet wird, und das Sterben als die Folge des Essens von dem verbotenen Baume, bezw. der Übertretung des göttlichen Verbotes, dann gehört doch schon eine große Ungenirtheit in der Behandlung der Bibel dazu, wenn man die uranfängliche Sterblichkeit des Menschen in ihr nicht widerlegt finden will.

Zwar man beruft sich auf zwei Stellen, welche die uranfängliche Sterblichkeit des Menschen beweisen sollen. Zunächst auf Gen. 3, 22, nach welcher Stelle die Unsterblichkeit oder, besser gesagt, das ewigliche Leben — nicht die ζωὴ αἰώνιος, das ewige Leben — abhängig gemacht zu sein scheint von dem Essen vom Baume des Lebens. Damit verbindet man V. 24, wonach der Cherub mit dem bloßen hauenden Schwerte vor das Thor des Paradieses gestellt wird, um den Zugang zum Baume des Lebens dem sehnsüchtigen, reuevollen Menschen zu wehren. Indeß dieser Baum des Lebens, welcher erst hier erwähnt wird, ist eine solche crux interpretum, daß man bei einer rein historischen Auffassung des Paradieses die abenteuerlichsten Auslegungen darüber zum Besten geben kann, ohne von diesem Standpunkte aus widerlegt werden zu können. Von dem Standpunkte aus, welchen aus hier nicht zu entwickelnden Gründen der Verfasser einnimmt, daß nämlich in der Geschichte vom Paradiese historische und ideelle, namentlich ethische Wahrheiten in einander spielen, gibt sich die Erklärung leicht. Der Baum des Lebens, um des willen das ganze Paradies so sorgsam verschlossen wird, dürfte danach nicht einen einzelnen Baum, sondern das Centrum, den Inbegriff der ganzen paradiesischen Existenz, die innige, kindliche Gottesgemeinschaft bezeichnen zu sollen bestimmt sein. In dieser sollten — vgl. Gen. 2, 15 — dem Menschen, welcher als ein Geschöpf Gottes in jedem Augenblick sein Leben von Gott zu Lehen trägt, die Quellen des ewiglichen und zugleich ewigen Lebens springen. Um der Sünde willen aber wurde der Mensch des Paradieses verlustig, d. h. es wurde das bloße hauende Schwert der richtenden Gottesmacht im Gewissen, wie im Himmel vor den Garten gestellt. Es wurde dem Menschen durch die Heiligkeit und Gerechtigkeit Gottes, wie durch seine eigene Anlage zur Heiligkeit und Gerechtigkeit vor Gott unmöglich gemacht, in die ewiges Leben gebende Gottesgemeinschaft zurückzukehren. Es war also, um unsere vorherige Behauptung zu präcisiren und auf einen philosophischen Ausdruck zu bringen, der Mensch von Anfang an potentia, nicht actu unsterblich. Aber die potenzielle Unsterblichkeit sollte und konnte zur actuellen werden.

Die zweite Stelle, welche man anführt, um glaubhaft zu machen, daß der paradiesische Mensch, anstatt, wie wir sagen, auf die Unsterblichkeit, auf die Sterblichkeit angelegt gewesen sei, ist Gen 3. 19: „Im Schweiße Deines Angesichtes wirst Du Brod essen bis zu Deiner Rückkehr zur Erde. Denn von ihr bist Du genommen. Denn Erdenstaub bist Du und zum Erdenstaub sollst Du zurückkehren." Aber muß denn diese Stelle so ausgelegt werden, daß daraus folgt: der Tod beruhe auf einem unveräußerlichen Naturgesetze? Ja, leidet sie nur eine solche Auslegung? Ich meine, ehrlich gestanden, wird niemand eine andere Folgerung daraus ziehen können als die, daß nun die Drohung Gottes, Gen. 2, 17, „welches Tages Du davon issest, wirst Du des Todes sterben" in Wirksamkeit zu treten beginnen solle, und daß die Möglichkeit dazu von vornherein in der stofflichen Construction des Menschen gelegen habe. Es wird also dadurch nur bewiesen, was wir oben andeuteten, daß die an sich unsterbliche Seele von ihrer auf ein materielles Leben gerichteten Lebenskraft so viel einbüßen konnte, daß sie nicht mehr im Stande war, den stofflichen Kreislauf des Lebens, den Stoffwechsel, mit beständig ungeschwächter Energie aufrecht zu halten. Ohne diese Möglichkeit hätte der Mensch nie sterblich werden können. Aber von der Möglichkeit sterben zu können bis zur Wirklichkeit, bis zum Sterblichsein, ist doch noch ein weiter Sprung, eine Kluft so groß, daß nur etwas so Furchtbares, wie die Sünde war, sie ausfüllen konnte.

Wir resümiren: Die Betrachtung der biblischen Aussagen über die paradiesische Existenz des Menschen, zusammengehalten mit den in Bezug hierauf erreichbaren Ergebnissen menschlicher Forschung, hat uns ergeben: 1) Daß die Leiblichkeit der ersten Menschen eine ebenso materielle gewesen sein muß, als unsere jetzige. 2) Daß diese Leiblichkeit keineswegs dazu bestimmt war, sich allmählich zu verflüchtigen. 3) Daß der Mensch von Anfang an die Anlage und Bestimmung nicht zur Sterblichkeit, sondern zur Unsterblichkeit besaß, und daß an der Erfüllung dieser Zweckbestimmtheit ihn seine Leiblichkeit weder in Folge eines Constructionsfehlers, noch in Folge einer Incongruenz zwischen Stofflichkeit und psychischer Kraft hinderte. Seine Unsterblichkeit war also nicht ontologisch, wohl aber war sie ethisch bedingt. Daß die potenzielle Unsterblichkeit nicht zur actuellen wurde, hatte lediglich seinen Grund in der durch die Sünde erfolgenden und mit ihr gesetzten Abkehr der menschlichen ψυχή von ihrer Lebensquelle, von Gott.

Die principiellen Bedenken gegen, und die Gründe für die Werthschätzung unserer Materialität.

Woher kommt denn nun aber eine so große Vorliebe der Theologen für eine weniger materielle, ja geradezu stofflose Leiblichkeit, daß man selbst da, wo man nur bündige Widerlegung findet, in der Geschichte des Paradieses und des Anfanges, nach Stützpunkten für sie sucht?

Wir können absehen von der vielleicht etwas boshaften Insinuation, daß diese Vorliebe ihren Grund habe in dogmatischen Vorurtheilen, namentlich in der Vorliebe für die scheinbar so tiefsinnige lutherische Abendmahlslehre, welche mit dem Zusammenbrechen der Vorstellung, daß der Mensch für eine weniger materielle, über Raum und Zeit hinausgehobene Leiblichkeit bestimmt sei, selbst rettungslos zusammenbricht. Aber hervorheben müssen wir, daß diese Vorliebe der Theologen meist ihren Grund darin hat, daß sie mit den gesicherten Resultaten der leider allerdings fast durchweg materialistisch gerichteten Naturwissenschaft zu wenig sich bekannt gemacht haben oder besser, sich haben bekannt machen wollen. Sie haben eben an der unhaltbaren materialistischen Richtung der Naturwissenschaft einen solchen Anstoß genommen, daß sie von vornherein jedem ihrer Resultate das größte Mißtrauen entgegen trugen. Und doch dürfte auch der Theologe nicht umhin können anzuerkennen, daß auch die materialistische Naturforschung wenigstens den guten Erfolg gehabt hat, das wissenschaftliche Denken von den nebligen Höhen abstracter Idealphilosophie wieder auf das Gebiet nüchterner exacter Forschung herabzuzwingen. Und ehrlicherweise dürfte auch kein Theologe der Anerkennung sich verschließen, daß es ein gesichertes Resultat der exacten Forschung ist, daß der Mensch ganz wie aus einem Guß construirt ist, ein wahrhaftes Gotteswerk; daß namentlich seine Lebenskraft und sein Organismus für einander sind, und daß die gesammte geistige Entwicklung des Menschen mit dem Besitze und Vollzuge seiner körperlichen Functionen in unzerreißbarem Zusammenhange steht, daß also mit einem Worte der Mensch auf eine organisirte stoffliche Leiblichkeit angelegt ist.

Aber das theologische Denken ist meist viel zu sehr in dem alten und veralteten psychologischen Dogmatismus befangen. Da wird noch immer gestritten über Dichotomie und Trichotomie, über Traducianismus, Creatianismus und Präexistentianismus, und es fällt kaum hie und da einem ein, anstatt mit den bestaubten Denkern vergangener Tage, sich mit der Wissenschaft, ja selbst nur einmal gründlich mit der Bibel auseinander, oder besser ineinander zu setzen. Thäte man das, so würde man erkennen, daß die Wissenschaft längst und die Bibel schon auf ihren ersten Blättern über all' diese Fragen zur Tagesordnung hinweggegangen sind, daß aber dem unbefangenen Forscher eine großartige divinatorische Übereinstimmung zwischen der Bibel und der echten Wissenschaft überall entgegentritt.

Freilich, wir können hier nur andeuten. Aber einige Andeutungen, wenigstens so weit es sich um unsere Frage handelt, möchten wir uns erlauben. Zunächst möchten wir constatiren, daß Wissenschaft und Bibel im Grunde statt einer dichotomischen und trichotomischen, vielmehr einer monistischen Auffassung vom Menschen das Wort reden. Und zwar einer monistischen Auffassung, welche mit dem Monismus des, Geist und Seele gleicherweise läugnenden, Materialismus nichts zu thun hat. Wissenschaft und Bibel sagen, daß das eigentlich constituirende Moment, das Centrum der menschlichen Natur, die ψυχή sei.

Die Wissenschaft thut das, indem sie erklärt, daß es nicht blos kein organisches Gebilde, sondern auch keine organische Zelle, geschweige denn eine erste organische Zelle gebe, welche ihr Dasein und Sosein nicht einer sie zu ihrem Offenbarungsmedium machenden Lebenskraft verdanke. Sonach ist jedes organische Wesen, genetisch betrachtet, wesentlich ψυχή, d. i. eine zur stofflich plastischen Darstellung bestimmte, und mit einem nisus formativus ausgerüstete göttliche Lebensidee. Der Complex dieser Lebensideen muß natürlich logischerweise als präexistent in Gott gedacht werden. Nachdem aber die ersten Exemplare geschaffen waren, so pflanzte auf dem Wege der Zeugung mit der Befruchtung der ersten Keimzelle auch der gesammte Umfang der besonderen göttlichen Lebensidee sich in einer solchen Weise fort, daß er zu einer mehr oder weniger individuellen Gestaltung zu gelangen befähigt war. Wie Stofftheilchen um Stofftheilchen in die erste Zelle hineingezogen wird, wie die zweite aus der ersten sich bildet, wie der gesammte Zellencomplex sich lagert und componirt, kurz vom ersten Anfang bis zur letzten Vollendung ist es diese eine göttliche Lebensidee, welche sich hier in gesonderter Form eine Offenbarung schafft. Der Unterschied unter den organischen Wesen hängt also nicht, wie der Materialismus behauptet, an rein zufälligen mechanischen Combinationen organischen Zellstoffes, sondern an der Verschiedenheit der zur stofflich plastischen Darstellung bestimmten göttlichen Lebensideen.

Diese Anschauung ist weit genug, um den berechtigten Elementen des Darwinismus freien Spielraum zu lassen, aber doch auch eng genug, um die factisch vorhandene gähnende Kluft zwischen Mensch und Thier als göttlich begründet erscheinen zu lassen. — Was nun den Menschen anlangt, so kann nach dem Vorstehenden die nüchterne Wissenschaft von Präexistentianismus und Creatianismus gar nicht reden, sondern so gewiß aus der regulär befruchteten Keimzelle des menschlichen Eies nur ein Mensch werden kann und kein Hund oder Hase, so gewiß kann die Wissenschaft nur einen unbedingten Traducianismus anerkennen. Gleicherweise kann sie von einer Dichotomie oder Trichotomie überhaupt gar nicht reden. Der Mensch besteht nicht aus Geist, Seele und Leib, sondern der Mensch ist eine ψυχή in dem eben ausgesprochenen Sinne. Seine Leiblichkeit ist die plastische Darstellung und Offenbarung der ihr immanenten und sie zu ihrem Offenbarungsmedium ausgestaltenden göttlichen Lebensidee. Und daß der Mensch Geist habe, ist nur der Ausdruck für die specifische Unterschiedenheit der menschlichen ψυχή von der thierischen ψυχή. Es ist nur der Ausdruck dafür, daß die menschliche ψυχή bestimmt und befähigt ist, sich selbst als göttliche Lebensidee zu erfassen und ihren Zusammenhang mit dem Wesen Gottes festzuhalten. Jede dichotomische oder trichotomische Unterscheidung hat nur einen logischen, begrifflichen Werth, aber keine ontologische Wahrheit.

Seltsamerweise, aber erfreulicherweise bestätigt die Bibel diese beiden Aussagen des an der modernen positiven Wissenschaft genährten Bewußtseins auf ihren ersten Blättern. Die eine, indem sie Gen. 2, 7 den Menschen und zwar nach dem gesammten Umfang seines Wesens geradezu als lebendige Seele bezeichnet. — Die übliche Auslegung will in dieser Stelle die Trichotomie wiederfinden, und scheut sich nicht die ganz klaren Worte so zu interpretiren: „In diesen Worten werden drei Momente an dem Menschenwesen unterschieden. Das erste und unterste ist der Erdenkloß, das zweite ist der Lebensodem aus Gott, das dritte ist die lebendige Seele. Unter dem Ersten können wir nur die materielle Substanz, Fleisch und Leib von der Erde, unter dem Zweiten nur den Geist und unter dem Dritten nur die aus beiden hervorgehende Seele verstehen. Hiernach ist die Seele die aus Leib und Geist, aus Erde und Odem, aus Staub und Hauch werdende oder gewordene Persönlichkeit." Aber das heißt doch nicht auslegen, sondern unterlegen. Das heißt nicht: sich mit der Bibel, sondern die Bibel mit sich in Einklang bringen. Die Stelle heißt wörtlich: Gott bildete den Menschen aus Erdenstaub, und blies einen Odem des Lebens in seine Nase, und so wurde der Mensch eine lebendige Seele. Das heißt also: Der erste Mensch war ein aus stofflichen Elementen wie die anderen Naturwesen hervorgegangenes, aber von Gott selber geformtes Gebilde, und zwar selbstverständlich nicht ein anorganisches, sondern ein organisches Gebilde, also schon ein Lebendiges*). Aber so war der Mensch nur ein Naturwesen, wenngleich ein hervorragend fein construirtes, da er von Gott selber construirt war, während es bei den anderen Wesen heißt: die Erde bringe

---

*) Hoffentlich wird Niemand nach der Weise der griechischen Mythologie sich den ersten Menschen als eine anorganische Bildsäule, als ein Thonmodell vorstellen, welchem Gott nachher Leben eingehaucht habe!

hervor lebendige Thiere, Gen. 1, 24. So war also das Leben des Menschen noch im Umkreis der Lebens- und Sterbensgesetze der anderen Lebewesen befangen. Da hauchte Gott den Odem des Lebens ihm ein, setzte also sich in eine persönliche directe Beziehung mit ihm, statuirte eine Verbindung seines Lebensodems mit menschlichem Lebensodem. Und so wurde der Mensch eine Seele, welche lebendig war nach der Ähnlichkeit des göttlichen Lebens. Eine Seele, deren Leben subsistirt in dem Lebenshauche Gottes, deren Leben nur ihr entsprechendes Leben ist, sofern es mit dem Leben hauchenden Gotte in Verbindung bleibt. Da ist also vom Geiste des Menschen durchaus keine Rede, sondern nur von seinem Leben, von seiner ψυχή, wie es denn auch ohne Analogon wäre, wenn gegen alle Vernunft an dieser wichtigen Stelle die Bibel dem menschlichen Geiste die Beseelung zuschriebe. Wohl aber ist auch die Rede von der hohen Würde des Menschen, daß er durch die directe Lebenseinhauchung von Seiten Gottes von den Lebensgesetzen der anderen Creatur eximirt worden, und daß ihm eine ethisch bedingte Theilnahme an der göttlichen Lebens- und Ewigkeitsfülle mitgegeben ist. Und wenn nun später die Schrift die dichotomische Theilung des menschlichen Wesens hervorhebt, sobald sie von seiner natürlichen Beschaffenheit redet, oder die trichotomische, sobald sie unter ethischem Gesichtspunkte den Menschen betrachtet, so entspricht das ganz dem Vorbemerkten, wonach man begrifflich wohl dichotomisch oder trichotomisch theilen kann, ohne daß man doch daraus ontologische Folgerungen ziehen dürfte.

Bei einer solchen Grundanschauung vom menschlichen Wesen kann es zweitens auch nicht befremden, daß die Schrift gleich zu Anfang, Gen. 5, 3: „Adam zeugte.... einen Sohn, der seinem Bilde ähnlich war und hieß ihn Seth", dem Creatianismus und Präexistentianismus zu Gunsten des Traducianismus den Abschied gibt. Zwar gibt es auch andere Stellen, welche sich mehr der jeweiligen populären Anschauung anschließen. Der Traducianismus entspricht jedoch allein der biblischen Grundanschauung vom Menschen, wie sie sich namentlich hernach in der Lehre von der Erbsünde und dem Erbsegen fixirt.

Übrigens dürfen wir auch hier nicht vergessen, daß die Bibel überall kein Lehrbuch der Naturgeschichte und der Physiologie ist, und daß es des Gotteswortes unwürdig sein würde, wenn man ihm zumuthete, es solle der geistigen Trägheit des Menschen eine Eselsbrücke bauen.

Was folgt nun aus diesem Exposé für unser Thema? Unseres Erachtens haben wir darin eine volle Bestätigung des Resultates, welches wir bei der Betrachtung der paradiesischen Existenzform des Menschen gewannen. Denn indem der Mensch, als das fraglos höchst organisirte Wesen und doch als Theil der materiellen Schöpfung, speciell den göttlichen Lebensodem empfängt, so bezeugt sich die Absicht Gottes, die im Menschen als ihrem Repräsentanten angeschaute stoffliche Schöpfung als die bleibende und adäquate Offenbarerin seiner Lebensfülle zu beglaubigen. Es wird also bestätigt, was wir mit anderen Worten sagten: daß gerade die materielle Schöpfung es ist, in welcher Gott die sein schöpferisches Heraustreten aus der Ewigkeit motivirenden Ziele und Absichten erreichen wollte.

Der zweite Grund der theologischen Vorliebe für eine weniger materielle Leiblichkeit liegt in der landläufigen Ansicht, daß das Materielle ein ordo toto genere inferior dem geistigen Elemente gegenüber sei. Allerdings ist nicht das Materielle das Erste gewesen, sondern Gott, und im Schöpfungswerke vielleicht nicht die materielle, sondern die immaterielle Welt. Aber das hat mit dem Werthe der Materialität nichts zu thun. Alles, was aus Gottes Hand hervorgeht, ist groß und wunderbar. Gerade in der materiellen Schöpfung sind die Fußstapfen der göttlichen Herrlichkeit fixirt und dem Auge, das sie einmal aus seinem Gesichtskreise verlieren könnte, immer wieder auffindbar. Der alte Baco von Verulam hat ganz gewiß Recht, wenn er sagt: natura obiter libata a deo abducit, penitus exhausta ad deum reducit. Gerade daß es Gott beliebt hat eine stoffliche Welt zu schaffen, ist uns der vollgültige Beweis, daß Gott in der räumlichen Extensität die intensive Fülle seiner Herrlichkeit offenbaren wollte.

Und wer sind wir, daß wir uns erlauben dürften, hier von größerem oder geringerem Werthe zu fabuliren! Wir hätten vielmehr Grund anzuerkennen, daß gerade die Materialität der Schöpfung uns befähigt, die Herrlichkeit Gottes in ihren gegenständlich gewordenen Ideen gleichsam durchzukosten. Wir hätten Grund dankbar anzuerkennen, daß gerade die Materialität unserer Leiblichkeit es ist, welche uns befähigt, der erquickenden Sympathie der Geister den Druck einer warmen Freundeshand und den Blick in ein treues Auge und den Wohllaut einer herzbewegenden Stimme als Siegel aufzudrücken. — Es ist überhaupt sehr zu bedauern, daß für die Herrlichkeit der Materialität dem verdunkelten Auge so vieler Theologen und Laien das Verständniß fehlt. —

Welche Gründe bringt man nun aber vor, um die Inferiorität der Materialität zu beweisen? Man sagt: die Materialität bestehe aus räumlich getrennten Theilen und das räumlich Getrennte unterliege auch dem Gesetze der Zeit; in der Materialität herrsche Undurchdringlichkeit, und Undurchdringlichkeit sei schon ein Zeichen der Todesstarre, die an derselben ihr Wesen habe; die Selbstsucht sei vom materiellen Dasein unabtrennbar, und die Materie sei nach der Schrift bestimmt, vom Geiste negirt zu werden.

Aber gerade daß die Materie aus getrennten Theilen besteht, ist nicht ihre Unvollkommenheit, sondern ihre Vollkommenheit. Gerade in dieser räumlichen Trennung, welche die Raumerfüllung bedingt, kann sich die Größe Gottes auseinanderfalten. Gerade die Raumerfüllung, die Undurchdringlichkeit, ist ein Vorzug der materiellen Gebilde. Wer möchte wohl die übliche gegnerische Idee, daß alles Seiende einen großen Klumpen von ineinander lebenden und webenden Existenzen bilden müsse, goutiren? Wer möchte die Idee, daß alle Gebilde sich gegenseitig durchdringen müßten, wie etwa durcheinander hindurchgehende Infusorien in einem Wassertropfen, der gegenwärtigen Sonderung der Dinge vorziehen? Gerade die Undurchdringlichkeit der materiellen Gebilde, daß sie einen point de resistance bilden, das ist ein Zeichen des Lebens und nicht des Todes. Das sichert zwar nicht ohne weiteres den einzelnen Individuen, aber wohl der in einer bestimmten Reihe von Gebilden sich offenbarenden Gottesidee ihren Bestand. Daß es ein Entstehen und Vergehen, auch wenn die Sünde nicht gekommen wäre, in der Natur gab, ja geben mußte, von welchem nur der Mensch nicht angegriffen zu werden brauchte, weil er, wie oben dargethan, eine von den Lebens- und Sterbensgesetzen der gesammten anderen Schöpfung eximirte Stellung einnimmt; daß mit einem Worte eine natürliche, keine unnatürliche Beendigung der materiellen Einzelexistenzen in der Thier- und Pflanzenwelt stattfinden muß, das geben wir zu. Aber um so mehr behaupten wir, daß gerade bei einem solchen Entstehen und Vergehen die Gottesfülle im Spiele des Lebens sich offenbart, welches nur eine düstere Weltanschauung ein Spiel des Todes nennen kann. Um so mehr behaupten wir, daß ein solches Entstehen und Vergehen keineswegs von einer gottwidrigen Herrschaft des Todes zeugt, sondern vielmehr von einer überaus vernünftigen, göttlichen Weisheit, die ein naturgemäßes Vergehen nur da stattfinden läßt, wo innerhalb bestimmt abgegrenzter Zeit ein Einzelwesen seinen Lebenszweck völlig zu erreichen im Stande ist. Überdies kann man solch ein Vergehen kein eigentliches Sterben nennen. Denn sterben kann nur dasjenige, was den Tod als eine Unnatur zu empfinden vermag.

Zugleich verwahren wir uns gegen die Behauptung, daß Raumerfüllung und Zeitlichkeit in Eins zusammenfallen, daß eine Welt räumlich gesonderter Existenzen nothwendig auch nur eine zeitweilige, eine vergängliche sein müsse. Die Vergänglichkeit klebt weder an der Raumerfüllung, noch an der Zeitlichkeit, sondern hat ihren Grund in etwas ganz Anderem. Hier nämlich in der Erfüllung oder Erfüllbarkeit des gottgesetzten Lebenszweckes innerhalb einer bestimmt abgegrenzten Zeit, und dort in der Sünde. Sowohl Zeit als Raum sind unschuldig daran.

Wenn sodann die Materialität als solche sittlich verdächtigt wird, wenn gesagt wird, daß Selbstsucht vom materiellen Dasein unabtrennbar sei, so beruht das auf einer Verwechslung einer natürlichen Qualität mit einer ethischen. Es gibt eine berechtigte Selbstsucht, die darin besteht, daß das Einzelwesen sich bemüht, seine Existenz aufrecht zu halten, weil auch in ihm eine Gottesidee Gestalt gewonnen hat. Und es gibt eine unberechtigte Selbstsucht, die darin besteht, daß das Einzelwesen sich bemüht, auf Kosten anderer Existenzen seine Existenz aufrecht zu halten. Und die letztere ist durchaus nicht nothwendig mit dem Begriff der Materialität verbunden.

Wenn man endlich sagt: die Materie sei darum geringwerthiger, weil sie nach der Schrift bestimmt sei, vom Geiste negirt zu werden, so beruht das wieder auf einer Verwechslung des Natürlichen mit dem Ethischen. Das Fleisch, d. i. die materielle Gesinnung, soll nach der Schrift negirt werden, nicht die Materie selbst. Und wenn man sagt, gerade in der Materialität liege die unausweichliche Gefahr, materiell, d. i. „Fleisch" im biblischen Sinne des Wortes zu werden, so heißt das die Schuld der fällenden Versuchung auf Gott zurückführen, der uns in die materielle Welt mit Materialität behaftet hineingesetzt hat — und Gott ist doch kein Versucher zum Bösen, er versucht Niemanden. Und auf der anderen Seite heißt das: Die Sünde mit der natürlichen Schwachheit entschuldigen und nicht bedenken, daß man durch das Sündigen schwach geworden ist. Die Materialität als solche hat mit unserem ethischen Verhalten, und speciell mit der Versuchung zur Sünde nichts zu thun, sonst hätte u. A. der immaterielle Teufel nie sündigen können.

Und will man sagen, die Materialität sei darum geringwerthiger, weil sie bestimmt sei, wenigstens vom Geiste beherrscht zu werden, so ist einfach zu erwidern, daß damit das probandum, daß nämlich die Materie etwas dem Geiste Entgegengesetztes sei, schon vorausgesetzt ist. Vielmehr muß man sagen, daß Materie und Geist — diesmal Geist im landläufigen Sinne aufgefaßt — keine Gegensätze sind. Die Materie ist das Kleid des Geistes. Sie wird ontologisch schon vom Anfang an vom geistigen Princip beherrscht, weil sie ja willenlos benutzt wird zur räumlichen und stofflichen Offenbarung göttlicher Lebensideen. Dies ontologische Verhältniß beim Menschen soll einfach in ein ethisches umgesetzt werden, ohne daß doch gefolgert werden könnte oder dürfte, daß die Materialität einer Verethisirung widerstrebe. Kurz mit allen diesen Gründen läßt sich eine Inferiorität der Materie und damit die Nothwendigkeit ihrer Wegschaffung nicht beweisen.

Noch viel weniger mit Gründen, die man der Irrationalität der jetzigen Leiblichkeit entnimmt. Diese Irrationalität kann und muß man zugeben. Man kann und muß zugeben, daß unsere jetzige materielle Leiblichkeit, unser Körper mit seinen wechselnden Zuständen, mit seinen sündlichen Trieben, mit seinen materiellen Störungen und Trübungen dem göttlich zu bestimmenden Ich ein Kerker ist, vgl. Röm. 7, 24. Aber der gegenwärtige Zustand unserer Leiblichkeit ist ja ohne Frage ein abnormer, ein durch den Einfluß der Sünde gewordener und darum zu überwindender. Indeß daraus folgt doch nicht, daß die Materialität unserer Leiblichkeit selbst weggeschafft werden müsse. — Gleicherweise kann und muß man zugeben, daß in der gegenwärtigen Schöpfung viel Irrationalität sich findet, viel Unnatur, viele Mißbildungen, Verwüstung unzähliger Lebenskeime, ein Überwuchern des Grundsatzes: Macht geht vor Recht, ich fresse dich und du bist mein, denn ich bin groß und du bist klein etc. etc. Aber auch da trägt nicht die Materialität der Schöpfung die Schuld, sondern etwas ganz Anderes. Wir kennen zwar die Factoren nicht alle, welche diese Irrationalität bewirkt haben, aber wir dürfen behaupten, daß der bedeutendste Factor die menschliche Sünde ist. Denn wenn das Centrum der Schöpfung aus seiner göttlich bestimmten Lage verrückt ist, dann muß auch die Peripherie auf ihrem ganzen Umfange eine Lageveränderung erleiden. Auf der anderen Seite ist es aber doch sehr wohl denkbar, daß unbeschadet ihrer Materialität die irdische gegenwärtige Welt zu einer reineren, vollkommneren Gestalt, als sie ihr jetzt eigen ist, erhoben werden kann; daß alle die besonderen Mißstände, die wir jetzt mit Schmerz in ihr wahrnehmen, beseitigt werden, daß die leiblichen Gebilde in einen schönen Einklang mit Geist und Gemüth kommen können, so daß der Entfaltung aller göttlichen Lebenszwecke in Natur und Menschheit keine belästigende Schranke mehr im Wege steht. Die Materialität als solche ist, wie wir nach allen Seiten hin dargethan haben, kein Hindernis dafür.

Aber damit beruhigt man sich nicht. Kann man mit den aus der Natur genommenen Gründen nichts ausrichten, so kommen die teleologischen Gründe an die Reihe. Denn wenn man auch zugibt, daß die Welt, d. i. die niederen Lebensstufen, durch ihre Materialität nicht gehindert werden, den Zweck ihres Daseins zu erfüllen, „uns Menschen", sagt man, „hindert unsere Materialität unbedingt an der Erfüllung unseres Lebenszweckes".

Wenn wir diesen Einwand prüfen wollen, so unterscheiden wir billigerweise Lebensaufgaben und Lebenszwecke. Der Lebenszweck eines Wesens ist zugleich der Grund seiner Existenz. Er hat es also mit dem eigentlichen Centrum des Wesens zu thun. Die Lebensaufgaben dagegen sind theils peripherischer Natur, theils umfassen sie die Wege, auf welchen ein Wesen zur Erreichung seines Lebenszweckes kommt.

Prüfen wir nun die Behauptung, daß seine materielle Leiblichkeit den Menschen hindere, seinen Lebenszweck zu erfüllen, so sehen wir billig ab von den irdischen peripherischen Lebensaufgaben, wie Lebenserhaltung und Berufsarbeit. Wir sehen gleichfalls ab von den Lebensaufgaben, welche dem Menschen behufs Erreichung seines Lebenszweckes gegenwärtig gestellt sind, wie Buße und Glaube, christlicher Wandel, Wirken und Schaffen im Dienste Gottes. Denn eine Bezugnahme darauf hat theils mit unserem Thema keinen Zusammenhang, theils würde sie zu günstig für unsere Beweisführung ausfallen, da wir gerade zur Erfüllung dieser Lebensaufgaben zugestandenermaßen unserer materiellen Leiblichkeit nicht entrathen können. Wir wollen in die Tiefe gehen und das Schwierigste herausheben. Zu dem Ende dürfen wir wohl den menschlichen Lebenszweck als einen doppelten auffassen: 1. als die Bestimmung, die Herrlichkeit Gottes in seinen Werken und Wegen zu erkennen und zu würdigen, und 2. als die Bestimmung, mit dem großen unendlichen Gott in inniger, kindlicher, vollpersönlicher Gemeinschaft zu stehen.

Wir fragen also zuerst: Hindert uns unsere Materialität, die Herrlichkeit der Werke und Wege Gottes zu erkennen und zu würdigen?

Wir antworten: Nein, sie thut's nicht. Freilich unsere Erkenntniß ist, wie Paulus sagt, hienieden auch im besten Falle nur Stückwerk, Stümperarbeit. Wir stehen da von Räthseln umgeben. Die Welt weist uns nur zu oft die Rinde und nicht das Mark, nur das Kleid und nicht das Herz. „Das will mir schier das Herz verbrennen", sagt der Famulus Wagner im Faust, „daß wir nichts Rechtes wissen können." Aber unsere gegenwärtigen Verhältnisse sind eben abnorme. Und daß sie es sind, das liegt nicht an unserer Leiblichkeit, sondern an unserer Sünde, an der Gottesferne, in der wir uns befinden. Eben diese Gottesferne ist es, die das Herz der Creatur uns verschließt, weil die Creatur nichts anderes ist, als ein Strahl aus dem weit aufgethanen Herzen Gottes. Was wir jetzt von ihr erkennen, das zwingen wir ihr ab. Eben diese Gottesferne in der Sünde verschließt uns auch das Auge nicht minder für die tiefsten Bedürfnisse unseres Herzens, für die geheimen Stimmen unseres Gewissens, wie für die Herrlichkeit der Wege Gottes, in denen menschliches Bedürfen und göttliches Führen in Eins gesetzt sind. Was wir thun, um Herz und Leben zu erhellen, das ist eben nur ein mehr oder weniger bewußtes und erfolgreiches Tasten und Suchen, ob wir Gott wohl fühlen und finden möchten. Ob aber dann, wenn die menschliche Culturentwicklung auf dem Höhepunkte angelangt ist, wo sie auf dem irdischen Boden abgebrochen wird, um auf den Boden einer jenseitigen Welt überzugehen, und ob dann, wenn die Sünde, diese Vernichtung jeder tieferen Gottesgemeinschaft und eben darum ein so entschiedenes Hinderniß der Perspicuität der Creatur, aufgehoben sein wird, ob dann in unserer Materialität ein Hinderniß liegen wird, die Fülle der Offenbarungsherrlichkeit Gottes zu durchschauen*), das dürfte doch schwer zu erweisen sein.

Jedenfalls aber, das dürfen wir nicht verschweigen, hat die übliche theologische Auffassung leider gar kein Verständniß für die Bedeutung der menschlichen Culturentwicklung im göttlichen Weltplane. Sie geberdet sich vielmehr so, als ob an den Pforten der Ewigkeit diese Unsumme edelster Geistesarbeit als ein herrenloses Gut niedergelegt würde, und nicht der neuen Menschheit auf der neuen Erde zu Gute käme. Die Culturentwicklung ist wahrlich etwas Providentielles, und Gott würde nicht Gott sein, wenn er ihren Ertrag an den Pforten der Ewigkeit verfaulen ließe!

---

*) Die Frage nach dem Sehen Gottes selbst ist hier unberücksichtigt geblieben.

Wer aber kann nur muthmaßen, bis in welche entlegenen Höhen, bis in welche innersten Tiefen die menschliche Cultur ihre Fühlfäden noch erstrecken wird, und ob beispielsweise nicht die augenblicklich noch so hinderlichen Eigenthümlichkeiten unserer Materialität, die Schwere und die schwerfällige Bewegung vom Orte, noch einmal wirklich überwunden werden, so daß nur die edlen, schönen Seiten, die Vorzüge unserer Materialität zur Geltung kommen! Wenigstens wenn man auf der einen Seite die Leistungen der Kunst ansieht, bei denen man das materielle Schwergewicht vergessen lernt, und auf der anderen Seite die Leistungen der physikalischen Forschung, wie der Schall der menschlichen Stimme über die Länder telephonirt, und mit dem zuckenden Lichtstrahl über die Meere Botschaft getragen wird; und wenn man denkt an die geheimnißvollen Mächte der Sympathie und die vielen zwischen Himmel und Erde noch unbekannten Kräfte, die alle in ihren Wirkungen nicht an die Scholle und ihre Schwerkraft gebunden sind, dann muß man sich wohl hüten, ein „Unmöglich" auszusprechen.

Und wenn wir sehen, wie die kindlich gläubige Gottesgemeinschaft schon hier, trotz aller in der Sünde wurzelnden Trübungen, eine Lichtwelt der Erkenntnis selbst dem von den Einwirkungen menschlicher Cultur unberührten Menschen aufzuschließen vermag, wie sollten wir wagen dürfen zu behaupten, es könne dereinst im Lande des Schauens uns um unserer materiellen Leiblichkeit willen die Fülle der Gottesherrlichkeit sich nie erschließen?

Zweitens fragten wir: Hindert uns unsere Materialität mit dem großen unendlichen Gotte in inniger, kindlicher, vollpersönlicher Gemeinschaft zu stehen, in einer Herzens-, Lebens- und Wesensgemeinschaft vor aller anderen Creatur?

Wir antworten wiederum: nein, sie thut's nicht. Denn thäte sie es, so hätte uns Gott nicht in die materielle Leiblichkeit hineinsetzen dürfen. Er hätte so seinen Weltplan ja von vorn herein unmöglich gemacht. Und wenn man die Möglichheit behauptet, daß unsere Materialität Folge der Sünde sein könnte, so ist zu entgegnen, daß es um so mehr gegen Gottes innerste Liebesnatur, die ihn zum Retten und Helfen zwingen muß, streiten würde, wenn er — statt dem verirrten Kinde goldene Brücken zu bauen — hätte zugeben können, daß der gefallene Mensch in eine Materialität gebannt wurde, die ihm die Rückkehr zu seinem Gott unendlich erschweren, ja als solche sie unwiderruflich abschneiden mußte.

Litte die Materialität unserer Leiblichkeit nicht die volle persönliche Gemeinschaft mit Gott, so hätte auf der anderen Seite auch Gott seinen eingeborenen Sohn nicht senden können in der Gestalt des sündlichen Fleisches, vgl. Röm. 8, 3. Konnte in Christo, dessen materielle Leiblichkeit Niemand wird läugnen wollen, das πλήρωμα τῆς θεότητος σωματικῶς, Col. 2, 9, wohnen, konnte er sich trotz seines Erdenwallens den Menschensohn nennen, der im Himmel ist, Joh. 3, 13, ja ist es eine ausdrückliche Schriftlehre, daß er in Ewigkeit die menschliche Natur mit allen zu ihrem Umkreis gehörigen Bestandtheilen beibehält, beibehalten muß, warum sollte uns die Materialität unserer Leiblichkeit ein Hindernis sein, zu dem noch viel geringeren Grade der Gottesgemeinschaft zu kommen, zu dem wir bestimmt sind?

Will man dagegen wiederum den alten Einwand erheben, daß eben unsere materielle Leiblichkeit die Festung und das Arsenal der Sünde sei und sein müsse, und uns darum hindern müsse, jemals zu der vollen Gemeinschaft mit Gott zu kommen, so wird das Zweite bündig dadurch widerlegt, daß Christus gerade in unserer materiellen Leiblichkeit die Sündlosigkeit erworben und gezeigt hat, was wir oben ausführten, daß die Materialität an sich ethisch, durchaus indifferent ist. Das Erste aber wird dadurch widerlegt, daß unser gegenwärtiger Zustand, in welchem die Sündhaftigkeit der Seele leiblich fixirt scheint, ein abnormer ist, der bestimmt ist, zum normalen zu werden, in welchem umgekehrt die Gerechtigkeit und Heiligkeit der Seele leiblich fixirt wird.

Gründe für die Werthschätzung unserer Materialität. 35

Will man endlich einwenden: da Gott Geist sei, so könnten wir nach unserer eigenen ersten Prämisse I. nur dann zu einer vollen persönlichen Gemeinschaft mit ihm kommen, wenn wir auch Geister oder wenigstens geistartig geworden seien, so wird diese Einrede theils dadurch widerlegt, daß, wie Gott Geist ist, so wir Geist haben, daß also einer Verbindung mit ihm, der die Welt nicht von außen stößt, sondern Natur in sich, sich in Natur zu hegen gewohnt ist, der ebenso immanent, wie transcendent ist, unsere materielle Leiblichkeit nicht im Wege stehen kann. Theils wird diese Einrede widerlegt, durch die schon eben berührte volle und ganze Gemeinschaft Christi mit dem Vater. Theils endlich durch die unläugbare Lehre der Bibel, daß in Christo die gesammte zur Offenbarung an uns geeignete Gottesfülle ihre Verleiblichung gefunden hat, vgl. Joh. 1,1 ff., Col. 2, 9, so daß Christum sehen, Gott sehen heißt. Vgl. Joh. 12, 45. 14, 9, und besonders noch Apoc. 21, 23, eine Stelle, in welcher bei der Beschreibung der Heimstätte der Auferstandenen auf der neuen Erde Christus als der Leuchter geschildert wird, auf welchem die Herrlichkeit Gottes als Alles erleuchtende Flamme brennt.

Also auch an der Erreichung unserer letzten und höchsten Lebenszwecke kann die Materialität unserer Leiblichkeit als solche uns nicht hindern.

Wir dürfen nunmehr die Resultate unserer Betrachtung über den eigenthümlichen Werth der materiellen Leiblichkeit resümiren: Die Materialität unserer Leiblichkeit wissenschaftlich als nothwendig begründet, ist zugleich, weil von Gott gesetzt, providentiell als nothwendig anerkannt. Darum ist ihr als solcher weder eine Inferiorität dem geistigen Elemente gegenüber, noch eine Irrationalität zuzuschreiben. Darum endlich kann sie uns an der Erreichung unserer letzten und höchsten Lebenszwecke nicht hindern.

Materialität das Ende der Wege Gottes.

Indem wir in unseren bisherigen Beweisführungen darthaten, daß eine Verlierbarkeit der Materialität aus dem Bestande unseres Wesens völlig außerhalb des göttlichen Weltplanes und in Widerspruch stehe mit Wissenschaft und Bibel, haben wir schon von der Gegenwart einen Blick auf die Zukunft, von der Zeit der Schwachheit auf die Zeit der Vollendung thun müssen. Denn mit logischer Folgerichtigkeit ergibt sich aus unseren bisherigen Deductionen der Schluß: Die materielle Leiblichkeit bildet ein integrirendes und darum unentbehrliches Moment unseres menschlichen Wesens. Da nun im Tode die bisherige Leiblichkeit in Fortfall kommt, der Tod aber zugestandenermaßen unter unseren gegenwärtigen Verhältnissen nur die Brücke zur Unsterblichkeit ist, so muß, so gewiß wir unsterblich sind, und so gewiß der Mensch bestimmt ist, das Centrum der geschöpflichen Offenbarung Gottes zu bilden, nach dem Tode dereinst eine Stunde der Auferstehung kommen, in welcher uns wieder eine Leiblichkeit zu Theil wird, deren Materialität im Großen und Ganzen mit der jetzigen congruent ist.

Eben dieser Schluß ist es aber, gegen den der heftigste Sturmlauf der Gegner der Stofflichkeit sich richtet. „Es mag „sein", sagt man, „daß die vielfach lückenhaften, sagenumsponnenen und von einem kindlichen Gesichtskreise zeugenden Be„richte der Genesis über den Anfang der Leiblichkeit, über das „Paradies etc. uns solche Resultate nahelegen, wie Du sie eben „ausgesprochen hast. Es mag sein, daß auch die Ansichten

„der gegenwärtigen positiven Wissenschaft für Dich zeugen. „Daß aber dermaleinst in der Zeit der Vollendung unsere Stoff„lichkeit verschwinden wird, das gründen wir nicht auf Worte „und Meinungen und allerlei Deductionen. Solche können „immerhin gegen uns beweisen, sie beweisen damit nur die „Unzuverlässigkeit des menschlichen Denkens. Wir gründen „unsere Behauptung auf Thatsachen, auf die wohlbeglaubigten „Erscheinungen des auferstandenen Christus als des Vorbildes „und Urbildes unserer dereinstigen himmlischen Leiblichkeit. „Hier haben wir die schärfsten Schutzwaffen zur Vertheidigung „unserer Position."

Wir aber behaupten, gerade hier die vernichtendste Widerlegung der üblichen Ansichten von der sogenannten himmlischen Leiblichkeit zu besitzen.

Wir fragen also: Wie war die vorbildliche und urbildliche Auferstehungsleiblichkeit Jesu Christi beschaffen und wie haben wir uns demzufolge unsere dereinstige Leiblichkeit zu denken? Denn das ist ja sicher: wie das Haupt, so die Glieder, wie der Erstling, so die Nachfolger, wie der Herzog der Seligkeit, so auch die Erben der Seligkeit.

Ist es denn wirklich wahr, daß die Leiblichkeit des auferstandenen Christus bezüglich ihrer Materialität anders geartet war, als die paradiesische Leiblichkeit Adams, und als unsere gegenwärtige Leiblichkeit? Nun ja, Eins ist sicher zuzugeben. Dieselbe Kluft, welche unsere jetzige Leiblichkeit von der paradiesischen trennt, trennt auch die Auferstehungsleiblichkeit Christi von unserer jetzigen. Das trennende Moment ist die Sünde und ihr Sold, der Tod. Manchem mag das wenig dünken, aber wenn man genauer zusieht, muß man gestehen, daß es unendlich viel ist. Sehen wir doch hier schon unter gewöhnlichen irdischen Verhältnissen, wie eine größere sittliche Reinheit, ein Leben und Weben nicht in materiellen Lüsten, sondern in der Welt der Ideale und im Umgang mit Gott, im Stande ist, über die Leiblichkeit eines Menschen einen solchen Verklärungsschimmer auszugießen, daß schon ein oberflächlicher Menschenkenner auf dem Angesichte diese Lichtgestalt des inwendigen Menschen sich reflectiren sieht. Umgekehrt treten uns bei einem Anderen unverkennbar die Züge der Sinnlichkeit, das Gepräge des Mammonismus, die Verzerrung der Bestialität in widrigem Eindruck entgegen. Und vorhanden, wenn auch dem selber von dem Banne der Sünde gehaltenen Auge nicht erkennbar, vorhanden sind die Züge der Sünde bei uns allen, so gewiß durch die verkehrte Herzensrichtung des alten Menschen, die nie ganz überwunden wird, gewisse sündige Triebe, Neigungen etc. in unserer Leiblichkeit, als in dem Organ unserer Seele sich haben fixiren müssen. So muß denn zugleich mit dem gänzlichen Wegfall der letzten Reste des alten Menschen dereinst die menschliche Leiblichkeit einen Glanz der Verklärung empfangen, von dem wir uns nur in den erhabensten Momenten unseres Lebens eine schwache Vorstellung machen können. — Aber gilt das auch von Christo, dem völlig Reinen und Sündlosen? Ja, in gewissem Sinne gilt das auch von ihm. Zwar hatte bei ihm schon vor seinem Tode eine sittliche Verklärung ihr Wesen, die alle edleren und reineren Gemüther mit magnetischer Kraft zu ihm und vor ihm in den Staub zog. Aber so gewiß er mit dem letzten Athemzuge am Kreuze erst hat aufhören können einen sittlichen Kampf zu kämpfen, von dessen furchtbarer Tiefe sein Kreuzeswort: „Mein Gott, mein Gott, warum hast du mich verlassen" ein ergreifendes Zeugnis ablegt, und so gewiß er an dem, das er litt, hat Gehorsam lernen müssen, Ebr. 5, 8, so gewiß muß der Glanz der Verklärung auf seinem Angesichte und in seinem ganzen Wesen ein noch viel höherer und größerer geworden sein, als mit seiner Auferstehung der letzte Nachhall des Kämpfens einem vollkommenen und siegesbewußten Frieden Platz gemacht hatte. Diese Verklärung hatte aber mit der Materialität seiner Leiblichkeit nichts zu thun. Es war nur eine Formveränderung, keine Substanzveränderung.

Andererseits waren mit seiner Auferstehung die letzten Spuren der Sterblichkeit ihm abgenommen. Und die Züge der Sterblichkeit sind wahrlich nicht gering zu achten. Wie unendlich viele Schatten sind es doch, die der Tod, die Sterblichkeit, vor sich her wirft! Welch einen traurigen Anblick gewährt die Gestalt eines Leidenden! Diese Züge des Schmerzes, diese in Haltung, Gang und Gesicht ausgeprägte Gebrechlichkeit! Welch einen ergreifenden Anblick bietet ein von der Last der Jahre gebeugter Greis! Wie armselig erscheint uns die hülflose Gestalt eines ohnmächtigen Kindes! Und ist das sozusagen das große Alphabet des Todes, das der Menschheit aufgeprägt ist, seine Currentschrift trägt auch der starke Mann in der Fülle seiner Kraft an sich. Der Tod ist eben der König der Schrecken, dem wir das ganze Leben hindurch Knechte sein müssen. Ebr. 2, 15. Überall sind seine Spuren, und das ganze Leben ist ein Vorbauen und Hüten, daß er nicht hereinbreche vor der Zeit. Auch die festeste Gesundheit ist nur wie eine trügerische Eisdecke über einem reißenden Strom. Und daß eine Leiblichkeit, in der eben so sehr die Verwitterungsgesetze der anorganischen Natur gelten, als die Lebensmächte der organischen Welt eine toto genere andere sein muß, als eine solche, in der die von den letzten Schlacken der Sünde gereinigte und in die tiefste, ungestörteste Gottesgemeinschaft hineinversetzte Seele auch wieder nach der organischen Seite hin ihre ganze unzerstörbare Kraft zu entfalten im Stande ist, das bedarf keines Beweises. — Aber gilt das Gesagte auch von Christo? Zwar wir wissen nicht, ob er jemals krank gewesen ist. Aber daß er, so gewiß er einst ein wahres, hülfloses Kind war, auch jenen durch die Fluchesmacht der Sünde geschwächten Organismus an sich getragen hat, wie wir ihn haben, daß er wirklich ein sterblicher Mensch gewesen ist und daß diese, seinem reinen gottmenschlichen Bewußtsein auf's höchste unziemliche Sterblichkeit, und dazu die bewußte Gewißheit, daß ein furchtbarer Tod sein irdisches Leben enden werde, ihre Züge, Züge tiefsten Schmerzes, wirklichsten Leidens ihm aufgedrückt haben muß, das ist doch gewiß*). Und daß eben darum, als er eine unsterbliche Leiblichkeit aus dem Grabe mitgebracht hatte, dieser eine alles irdische Maß übersteigende Herrlichkeit ankleben mußte, das ist nicht minder gewiß**). Und doch brauchte auch durch den Übergang von der Sterblichkeit zur Unsterblichkeit die Materialität der Leiblichkeit des Herrn nicht berührt zu werden, da, wie wir oben ausführten, auch die unsterbliche Leiblichkeit der ersten Menschen eine materielle war und sein konnte.

Wenn nun in der dargelegten leiblichen Verklärung, welche der Herr mit seiner Auferstehung erfahren haben muß, keineswegs die Nothwendigkeit liegt, daß die Materialität seiner Leiblichkeit eine Veränderung durch dieselbe hätte erfahren müssen, so wird das Nichtvorhandensein einer solchen Veränderung ausdrücklich und unzweideutig durch die Berichte von den Erscheinungen des Auferstandenen bestätigt. Da wird uns erzählt, daß ein Thomas den Herrn betasten konnte, Joh. 20, 27, daß er selber seine Jünger alle, als sie glaubten, sie sähen ein Gespenst, auffordern konnte, ihn zu besehen und zu befühlen, und sogar ihnen sagen konnte: „Ein Geist hat nicht Fleisch und Bein, wie ihr sehet, daß ich habe", und daß er zum Erweise seiner wirklich materiellen Leiblichkeit mit ihnen gebratenen

---

*) Vergleiche das schöne Wort: Quem ridere nemo vidit, flere autem sæpius.

**) Zwar wir brauchen diese Verklärung nicht als Erklärungsgrund dafür hinzustellen, daß seine Jünger, daß eine Maria den Herrn auf den ersten Blick nicht erkannten, und daß auch später noch ein gewisses Fremdsein das so bekannt sie anmuthende Wesen des Herrn umgab, Joh. 20, 14. Luc. 24, 16. Joh. 21, 4. Denn die scheinbare Unmöglichkeit, daß ein Todter wieder zum Leben komme und gerade dieser Todte, dessen qualvolles Sterben sie angesehen hatten, und daß eben dieser als ein Auferstandener wieder bei ihnen sein könne, genügt schon völlig zur Erklärung dieser Thatsache. Aber wir weisen den in der hervorgehobenen eigenthümlichen Verklärung des Herrn liegenden Grund für dies Nichterkennen nicht ab.

Fisch und Honigseim essen konnte. Luc. 24, 38—43, vgl. act. 10, 41. Plastischer und drastischer könnte die volle Materialität der Auferstehungsleiblichkeit Christi nicht behauptet werden. Dem Gewicht dieser Zeugnisse kann man sich ehrlicherweise nicht entziehen.

Aber man wollte doch die fatale Materialität gern los werden. Darum hat man denn mit fast völliger Verschweigung der eben erwähnten Thatsachen den Hauptnachdruck darauf gelegt, daß der Herr durch verschlossene Thüren kommen, erscheinen und wieder verschwinden konnte. Luc. 24, 31. Joh. 20, 19 u. 26 etc. Ja, man hat selbst aus dem Worte des Herrn an Maria: Rühre mich nicht an, Joh. 20, 17 — ein Wort, mit dem er ohne Frage nur ihrem irdischen Gemeinschaftseifer eine andere Richtung weisen und sie lehren wollte, mit ihrem Glauben sich in einer anderen Welt anzusiedeln — Kapital zu schlagen versucht und so gedeutet, als ob der Herr der Maria die Enttäuschung habe sparen wollen, welche sie erfahren haben würde, wenn sie in's Leere gegriffen hätte. Indeß was geht aus der Thatsache, daß der Herr bei verschlossenen Thüren zu seinen Jüngern kam, hervor? Etwa nothwendig dies, daß in seiner Leiblichkeit Materialität und Immaterialität zugleich gewesen sein müsse — oder nicht vielmehr mit noch größerem Rechte, daß der Herr sich materiell und dann wieder immateriell machen, d. i. seine Leiblichkeit anlegen und ablegen konnte? Und könnte man sie, ohne Rationalist sein zu müssen, nicht vielleicht auch dahin auslegen, daß das Öffnen der Thür auf ganz natürlichem Wege vor sich gegangen sei? Er konnte ja anklopfen und sich einem der Thür zunächst Befindlichen zu erkennen geben, ohne daß die Andern es merkten. Der Text würde dem wenigstens nicht unbedingt entgegenstehen. Jedenfalls muß ein unbefangener und verständiger Exeget jeder anderen Erklärung den Vorzug geben vor einer solchen, welche so einander ausschließende Momente, wie völlige Materialität und völlige Immaterialität in einer Leiblichkeit zu vereinigen sucht*).

Will man aber aus Furcht vor dem Vorwurfe des seichten Rationalismus zu der anderen Erklärung greifen, daß der Herr in dem Momente des Durchganges durch die verschlossene Thür seine materielle Leiblichkeit abgelegt habe, so würde das nur der ihm vor Anderen zuzuschreibenden Machtfülle entsprechen. Denn nehmen wir keinen Anstoß daran, daß Gott durch sein Wort aus Nichts alle Dinge schafft, so dürfen wir auch keinen Anstoß daran nehmen, wenn er bei gegebener Gelegenheit und vorhandener Nothwendigkeit ein Ding auch ohne chemischen Proceß durch seinen Willen wieder in Nichts, oder wenigstens in seine Bestandtheile zergehen läßt. Andererseits würde aber eben dies auch genau dem oben erörterten Begriffe der Leiblichkeit entsprechen. Denn Leiblichkeit ist niemals zufällige Daseinsform, sondern immer nur das nothwendige und individuell angepaßte Organ, durch welches eine bestimmte ψυχή mit ihrem Lebensbereiche sich in Be-

---

*) Einige Ausleger, welche diesen Grundsatz nicht zu theilen vermögen, suchen ähnlich wie Bamberger in seiner Abhandlung über die Rationalität des Begriffes der himmlischen Leiblichkeit — Jahrb. f. deutsche Theologie 1863, Heft 3 — die Vereinigung der Materialität und Immaterialität in einer Leiblichkeit durch ein Analogon denkbar zu machen. Sie vergleichen eine solche Leiblichkeit dem Glase, das dem durchschauenden Auge immateriell erscheine, während die tastende Hand seine Materialität fühle. Aber sie vergessen dabei, daß das durchsichtige Glas unter einem anderen Sehwinkel ebenso augenfällig wird, als es tastbar ist und daß, wenn auch nur einer unserer Sinne die Materialität eines Körpers zu erkennen vermag, solch ein Körper doch nicht zu vergleichen ist mit einer Leiblichkeit, die materiell und immateriell zugleich nicht blos soll scheinen, sondern sein können. Und will man etwa, wie das neuerdings wohl geschieht, sich auf die trotz aller Professorenweisheit höchst unwürdigen und schwindelhaften Gaukeleien des Spiritismus berufen, auf die erscheinenden kleinen rothen Hände der unsichtbaren Geister und auf die materiellen Abdrücke ihrer Füße, so muß man doch gestehen, daß eine Ansicht sehr armselig sein muß, die sich auf solche nur dem bodenlosen Unglauben dienenden Kunststücke des Aberglaubens zu stützen wagt.

ziehung setzt, und welches darum stofflich ebenso geartet sein muß, wie dieses Lebensbereich selber. Wenn also der auferstandene Christus in Verbindung mit der materiellen Welt treten wollte, so mußte er die diesem Lebensbereiche entsprechende materielle Leiblichkeit annehmen. Umgekehrt, sobald er von der Wirksamkeit in dieser sichtbaren Welt sich zurückzog, so mußte seine Leiblichkeit in Wegfall kommen, da sie dort nicht als Organ fungiren, als Materialität keinen Platz finden, und im Ganzen ihm nur ein Hinderniß sein konnte.

Ebenso sehen wir, daß die Engel, welche doch reine πνεύματα sind, sobald sie mit der Menschenwelt in directe Verbindung treten, Körperlichkeit annehmen. Doch dürfen wir hier den Parallelismus nicht zu sehr urgiren, da allen Engelerscheinungen, die die Bibel berichtet, doch ohne Frage ein visionäres Element anhaftete.

Excurs.

Betreffs der Visionen erlauben wir uns, hier in Kürze eine mit den neueren Untersuchungen in Einklang stehende Erklärung zu geben, auf welche uns zu beziehen wir später mehrfach Gelegenheit haben werden.

Wir unterscheiden zwischen Vision und Hallucination. Die Hallucination ist ein rein subjectiver Vorgang ohne objective Wahrheit. Sie entspringt immer größeren oder geringeren psychischen Störungen. Bisweilen wird sie direct durch dieselben hervorgerufen, bisweilen durch physiologische Veränderungen der peripherischen oder centralen Sinnesnerven, bisweilen auch durch den, vorübergehend solche physiologische Veränderungen bewirkenden, Gebrauch gewisser Medicamente. Der Vorgang dabei ist einfach der, daß entweder die Truggedanken der Phantasie eine solche Gewalt über die Centralstellen der Sinnesnerven im Mittelgehirn erlangen, daß dort abnorme Reizungen entstehen, welchen die aufgeregte Seele vermöge ihrer Gabe der Verleiblichung Gestalt verleiht — oder

daß direct in den peripherischen Ausbreitungen der Sinnesnerven Veränderungen entstanden sind, welchen, wegen ihrer
Abweichung vom Normalen, die aufgeregte Seele ihre Auf-
merksamkeit zuwendet. Nach einiger Zeit legt sie ihnen dann,
urtheilslos wie sie ist, ihre Wahngedanken als objective, von
außen kommende Veranlassung unter, d. h. sie glaubt ihre
subjectiven Wahnbilder, die sie doch nur — veranlaßt durch die
abnorme Reizung der Sinnesnerven — nach einem durch Ge-
wohnheit erworbenen physiologischen Gesetze nach außen hin
projicirt, realiter und materiell vor sich stehen zu sehen.

Anders verhält sich's mit der Vision. Wie viel Subjectives ihr auch ankleben mag, es ist doch ein objectives Moment
dabei zugegen. Dieses objective Moment ressortirt entweder
aus dem niederen Gebiete des humanen Seelenlebens, aus der
sog. Sympathie der Seelen, welche eine natürliche oder eine
künstlich, etwa durch die sog. Magnetisirung, hervorgerufene
sein kann, oder aus dem höheren Gebiete der Gottbezogenheit,
des Geistes in dem auf S. 22 entwickelten Sinne. Die Vision
setzt geistige Gesundheit voraus. Jedoch nicht minder die nicht
Jedem eigenthümliche Gabe der Ekstasis, der Erhebung von
dem jeweiligen Naturboden. Der Vorgang dabei ist der, daß
das objectiv Wirkende zunächst immer als eine Veränderung,
als eine Erfahrung im innersten Gemache der Seele auftritt,
als eine Stimme, eine Einflüsterung in uns, als ein mehr
oder weniger dramatischer innerlicher Vorgang, bei dem man
sich sofort mit vollster Klarheit bewußt wird, daß er mit den
gewohnten Ideenassociationen in flagrantem Widerspruch steht.
Diesen rein innerlichen Vorgang überträgt dann der Visionär
der Regel nach, vermöge der plastischen Kraft der Seele, vom
rein innerlichen auf das materielle Gebiet. Und weil er nothwendig der Stimme einen Redenden, der innerlichen Erfahrung
einen Wirkenden substituiren muß, so projicirt er, in dem Bewußtsein, es mit einem objectiven Vorgang zu thun zu haben,
diesen Redenden oder Wirkenden in gewohnter Weise, unter

unbewußter Anwendung der schon vorher berührten psychischen Kraft der Verleiblichung, nach außen hin. Die Art, wie diese Gestaltung erfolgt, ist eine rein subjective, abhängig von den anderweitig gewonnenen Anschauungen und Vorstellungen des Visionärs. Und eine Ahnung davon, daß auch das Projiciren der innerlichen Erfahrung nach außen hin durchaus subjectiv ist, spricht sich darin aus, daß der Visionär — und das unterscheidet auch die Vision von der Hallucination — sein Spectrum immer für ein bloßes Spectrum, für eine Erscheinung ohne materielle Leiblichkeit achtet, trotzdem er nicht selten bis in's kleinste Detail hinein Mittheilungen über Kleidung, Haltung, Aussehen etc. machen kann. Inwieweit auch bei den göttlich geschenkten Visionen die plastische Vorstellung subjectiven Ursprunges ist, darüber läßt sich streiten. Daß aber Subjectives der Regel nach dabei mitspielt, das unterliegt wohl keinem Zweifel. Vollkommen objective, göttlich gewirkte Visionen, deren Möglichkeit nicht zu bestreiten ist, sind aber keine eigentlichen visiones mehr, sondern visa, wirkliche materielle Verleiblichungen göttlicher Geister und Kräfte.

―――――

Weil man nun aber selber fühlte, daß man doch gegenüber den auf das unsichtbare Kommen und Gehen des Auferstandenen unmittelbar folgenden Offenbarungen seiner massiv materiellen Leiblichkeit nicht mit Fug und Recht den Hauptnachdruck auf dies unsichtbare Kommen und Gehen legen könne, so hat man, um doch die Materialität aus der Leiblichkeit des Auferstandenen wegzuschaffen, zu der Behauptung gegriffen: „Es habe in den 40 Tagen nach seiner Auferstehung seine ursprünglich allerdings recht materielle Leiblichkeit sich allmählig verfeinert, vergeistigt, verhimmlischt und sei weniger materiell, sozusagen immateriell geworden. Denn womit solle doch sonst dieser vierzigtägige Aufenthalt auf der Erde vor seiner Himmelfahrt erklärt werden!"

Nun, wenn es sich um die Erklärung handelt, womit der Herr diese vierzig Tage zugebracht habe, dann dürfte doch wohl am wenigsten diese lange Zeit für die Umwandlung seiner Leiblichkeit, die in einem Nu geschehen konnte, in Anspruch zu nehmen sein. Und wenn eine solche Verflüchtigung der Leiblichkeit des Herrn allmählig erfolgt ist, wie ist es denn zu erklären, daß er schon am ersten Abend nach seiner Auferstehung, und lange vor seiner massiv realen Offenbarung an Thomas, durch die verschlossenen Thüren kommen konnte? Wenn ferner überhaupt der Herr eine solche verflüchtigte, unstofflich gewordene Leiblichkeit haben sollte, so ist gar nicht abzusehen, warum er nicht gleich mit einer solchen aus dem Grabe kam. Und wollte man sagen, daß er erst seine Jünger an diese weniger massive Leiblichkeit habe gewöhnen wollen und müssen, so ist wiederum nicht zu erklären, warum er dann nach jedenfalls erreichtem Zwecke sichtbar, den irdischen und leiblichen Augen sichtbar, also vollauf materiell, gen Himmel gefahren ist. Überhaupt aber lassen für eine solche Annahme die bis in die letzten Tage vor der Himmelfahrt sich erstreckenden Berichte über die materiell leiblichen Erscheinungen des Auferstandenen nicht den geringsten Raum. — Man beruft sich zur Stützung dieser Verflüchtigungshypothese wohl auch auf die Thatsache, daß die Jünger den Herrn auch nach mehrmaligem Erscheinen nicht gleich erkannt hätten. Allein abgesehen davon, daß nur eine Stelle dafür angeführt werden kann, welche überdies noch eine andere Auslegung natürlicher erscheinen läßt, Joh. 21, 4, abgesehen auch davon, daß wir vorher schon eine einfache und völlig unanfechtbare Erklärung dafür gegeben haben, weshalb die Jünger den Herrn nicht gleich erkannten, beweist doch gerade ein Nichterkennen des Herrn selbst bei mehrmaliger Offenbarung nicht für, sondern gegen die Annahme, daß die Leiblichkeit des Herrn sich allmählig in's Stofflose verflüchtigt habe. Denn war das der Fall, so mußte gerade die Wahrnehmung einer solchen Verflüchtigung ihnen die Persönlichkeit des Herrn unverkennbar machen. Wir glauben, dies Nichtkennen — wenn anders wir die angezogene Stelle so erklären wollen — beweist gerade, wie unendlich schwer es den Jüngern wurde, an die Thatsächlichkeit der Auferstehung ihres Herrn und Meisters sich glaubend zu gewöhnen und alle ihre Bedenken zu Boden zu schlagen, und wie viel Grund der Herr hatte, noch jene vierzig Tage auszunutzen, um durch immer wiederholte Erscheinungen den Glauben seiner Jünger felsenfest zu machen.

Man beruft sich als auf ein Analogon auch wohl auf die Verklärung des Herrn, Matth. 17, 1 ff., und meint, nicht unwillig an die lateinische Übersetzung: transfiguratio anknüpfend, schon damals habe die Art dieser Verklärung den Charakter der Entstofflichung an sich getragen. Der Dolmetscher dieser schon alten Bezugnahme, an den unwillkürlich wohl die mehr luftigen Phantasien als festen Begriffen-holden Ausleger anzuknüpfen scheinen, dürfte Rafael d'Urbino sein, der in seiner transfiguratio den Herrn sammt Moses und Elias einige Fuß über dem Erdboden schweben läßt. Allein die Beschreibung, welche die Schrift von der Verklärung des Herrn gibt, hat mit dieser Vorstellung nichts zu thun. Es ist die Rede nicht von einer Entstofflichung der Leiblichkeit des Herrn, sondern von einer für ihn prophetisch tröstenden, für die Jünger glaubensstärkenden Mittheilung einer δόξα an den Herrn, welche die Armseligkeit in der Erscheinung des Menschensohnes verschwinden lassen sollte. „Sein Angesicht leuchtete wie die Sonne und seine Kleider wurden weiß als ein Licht." Überdies trägt die ganze Darstellung entschieden einen ebenso visionären als realen Typus an sich, und will unläugbar vor Allem die hohe heilsöconomische Bedeutung des Herrn in's Licht stellen, so daß jede Folgerung auf die Auferstehungsleiblichkeit des Herrn, die man daraus ziehen wollte, in der Luft schweben würde.

Da nun aber einsichtigere Exegeten zugeben müssen, daß die

Berichte über die Leiblichkeit des Auferstandenen keinen Grund geben, ihr die volle Materialität abzusprechen, so scheut man sich vielseitig nicht, die evangelischen Berichte über die Auferstehung des Herrn der Unklarheit, Unvollständigkeit und Ergänzungsbedürftigkeit zu beschuldigen, und sucht sie durch die paulinischen Aussagen im ersten Corintherbriefe richtig zu stellen. Es ist das zwar eine unziemliche Anwendung des Grundsatzes: scriptura scripturae interpres, denn die Evangelien, als die unmittelbaren und authentischen Berichte von dem Könige des Gottesreiches, müssen auch eine königliche Stellung denen gegenüber einnehmen, die auf ihren Schultern stehen. Aber man hofft doch auf diese Weise rückläufig aus der Leiblichkeit des auferstandenen Christus und vorausschauend aus unserer zukünftigen Leiblichkeit die Materialität hinwegdeuten zu können.

Sehen wir uns deshalb die hier besonders in's Gewicht fallenden Aussagen des Apostels Paulus darauf an.

Die hier in Betracht kommenden Verse sind vornehmlich 1. Cor. 15, 37—50, — Vers 8, in welchem Paulus die ihm zu Theil gewordene Offenbarung des Auferstandenen in Parallele setzt mit den anderen Offenbarungen des Herrn — eine Parallele, die man nur zu häufig als Beweis für die unsichtbare, stofflose Leiblichkeit des Auferstadnenen verwerthen zu können gemeint hat, — gehört gar nicht hierher. Dem Apostel kommt es nicht darauf an zu sagen, wie der Auferstandene ausgesehen habe, sondern zu beweisen, daß er wirklich auferstanden sei. Überdies ist ohne Frage die act. 9, 3—9 beschriebene Offenbarung an Paulus als ein mehr oder weniger visionärer Vorgang aufzufassen, und daß der Apostel die Möglichkeit, daß Christus eine reale Vision bei ihm erzeugen konnte, als einen Beweis für seine Auferstehung ansieht, dürfte zweifellos mehr für uns, als gegen uns beweisen. — Was will der Apostel denn nun in den angezogenen Versen sagen? Vielleicht etwas gegen die Materialität unserer zukünftigen Leiblichkeit? Daß er in V. 37 den jetzigen Leib mit dem Weizenkorn vergleicht, das in die Erde geworfen wird und erstirbt, und den zukünftigen Leib mit der Ähre, die aus dem gesäeten Korne wächst, beweist das etwa gegen die Materialität unserer Auferstehungsleiblichkeit? Ist denn das Korn der Ähre, das da wird, nicht ebenso materiell als das Korn, das gesäet wird und verwest? Und wenn der Apostel den neuen Leib in eine ganz ähnliche Beziehung zu dem jetzigen setzt, wie die Ähre zum Weizenkorn, wo liegt da das tertium comparationis? Will der Apostel ausführen, daß das gesäete Weizenkorn den Grundstoff liefere, aus dem die Ähre sich bilde? Nun, das ist's eben, was wir behaupten: Der neue Leib ist aus denselben Grundstoffen gebildet, aus denen der jetzige besteht. Will er sagen, daß es der lebendige in dem alten verwesenden Korne liegende Keim ist, der aus ihm herauswachsend das neue Korn, die neue Ähre bilde und so das alte Korn mit dem neuen verbinde? Nun, eben das ist's, was wir behaupten. Denn was den alten Leib mit dem neuen verbindet, das ist dasjenige im alten, was der Tod nicht überwindet, die unsterbliche Seele. Und gleichwie die in dem Keime sich offenbarende ψυχή des Kornes vermöge ihrer innersten Natur, um die neue Ähre zu bilden, dieselben Stoffe an sich zieht und ziehen muß, aus denen das alte Korn bestand, so wird und muß auch die menschliche ψυχή durch die dereinstige Ausrüstung mit einer ebenso stofflichen Leiblichkeit, wie die jetzige ist, ihre Permanenz und Selbigkeit beweisen. Das Hinkende in dem Gleichniß ist allein das, daß die menschliche ψυχή dereinst nicht wieder von vorn anzufangen braucht wie bisher, daß sie nicht, wie der lebendige Keim im Weizenkorn, Stofftheilchen um Stofftheilchen anzuziehen und aus der foetalen Existenz herauszuwachsen braucht, sondern gleich fertig dastehen soll. Das fühlt der Apostel auch. Darum gibt er in V. 38, in dem Zusatze: „Gott aber gibt ihm einen Leib wie er will, und einem jeglichen von den Samen seinen eigenen Leib" zu verstehen, daß die Auferstehungsleiblichkeit in Folge eines neuen Schöpfungsactes uns zukommen werde und zwar so, daß jede Seele den mit ihrer individuellen Eigenart allein stimmenden, ihr als Organ allein passenden Leib empfangen werde.

Die meisten Ausleger wollen die Parallele noch genauer ziehen, und schieben dem Apostel folgende Meinung zu: Gleichwie die ψυχή des Kornes aus dem verwesenden Korne als materieller stofflicher Keim auszieht und nicht als bloße Lebenskraft, so kann auch die menschliche ψυχή nicht als blanke Seele aus dem verwesenden alten Leibe ausziehen, sondern sie muß schon den realen keimartigen Anfang der neuen Leiblichkeit mitnehmen. Da nun dieser nicht stofflich wahrnehmbar ist, so kann auch die neue Leiblichkeit nur eine stofflose sein.

Einige Ausleger gehen selbst so weit, daß sie, um doch in etwas die Übereinstimmung mit der Schriftlehre von einer Stunde der Auferstehung festzuhalten, sagen: Gleichwie aus dem verwesenden Samenkorn nicht gleich die Ähre, das Endproduct, sondern erst der Halm als Zwischenproduct herauswächst, so nimmt die Seele aus dem verwesenden Leichnam erst eine Zwischenleiblichkeit mit heraus, die am jüngsten Tage in die Ähre, in die Endleiblichkeit sich verwandelt.

Nun, das alles ist zwar sehr kühn und ingeniös, aber augenscheinlich doch sehr „strohern". Das probandum wird vermöge einer petitio principii bei der Auslegungsarbeit schon vorausgesetzt. Das richtige Resultat bei einer in's Detail gehenden Parallelisirung scheint uns nur das folgende zu sein: Die ψυχή des Kornes zieht aus dem verwesenden Korne als materieller Keim aus, um den materiellen Halm und die noch materiellere Ähre zu bilden. Bei dem Ausziehen der menschlichen Seele aus dem verwesenden Leibe sehen wir aber nichts von einem solchen materiellen Keimstoff, sondern es scheint, daß die Seele als blanke Seele ausziehe, — folglich ist das tertium comparationis hier nicht zu suchen.

Was der Apostel sagen will, das ist u. E. Folgendes:
1. Aus unserem Sterben und Verwesen darf Niemand einen

Zweifel an der Auferstehung der Todten herleiten. Denn gerade so ist's Regel im Gebiete der niedrigeren Geschöpflichkeit. Sollte es nicht auch Regel im Gebiete der höheren Geschöpflichkeit sein: aus dem Tode das Leben, aus der Verwesung die Herrlichkeit? 2. Der alte Leib dieses Staubes hat grundstofflich präformirt, was in der Auferstehungsleiblichkeit zur Erscheinung kommt. 3. Darum ist die Zeit in der alten Leiblichkeit nicht eine verlorene. Vielmehr nimmt die unsterbliche, den Keimort und die Keimkraft einer neuen Leiblichkeit in sich tragende Seele, welche in dem alten Leibe waltete und ihn zu ihrem Organe machte, die Idee dieser für ihre besondere Individualität geeigneten Organisation mit hinüber. 4. Da sie aber dort nicht wieder von vorn anfangen soll, so wird — unbeschadet einer Mitwirkung seitens der Seele — die Bekleidung mit einer neuen Leiblichkeit ein neuer Schöpfungsact Gottes sein. 5. Der neue Leib wird aber — obgleich nicht minder stofflich als der jetzige — doch so viel herrlicher als dieser sein, als die Ähre an Herrlichkeit das verwesende Samenkorn übertrifft, aus dem sie sproßt.

Eben dasselbe will der Apostel mit einer gewissen Plerophorie des Ausdruckes in den folgenden Versen 39—50 sagen. Und zwar will er V. 39 erklären, daß zwischen unserer jetzigen und der zukünftigen Leiblichkeit eine stoffliche Gleichartigkeit zwar, aber dennoch eine Verschiedenheit existire. „Denn ist nicht das Fleisch der Menschen und des Viehes, der Fische und der Vögel alles Fleisch, stoffliche Leiblichkeit? Und doch ist nicht alles Fleisch einerlei Fleisch." Die Verschiedenheit aber, welche dazwischen besteht, ist eine Verschiedenheit der δόξα, nicht der Materialität. V. 40 u. 41. Oder ist nicht die Sonne, der Mond, die Sterne, sind also die himmlischen Körper nicht ebenso materiell als unsere Erde? — Diese größere δόξα besteht nun nach dem Apostel, zunächst was die äußerliche Lebensgestaltung betrifft, V. 42 u. 43, darin, daß dem neuen Leibe die Unverweslichkeit anhaftet, und daß ihm demzufolge das mangelt, was die jetzige Leiblichkeit uns so werthlos und unserer innersten Natur unwürdig macht, nämlich die Schwachheit, die Gebrechlichkeit, die Krankheit, das Vererben. — Daß damit keine Immaterialität der zukünftigen Leiblichkeit bewiesen wird, haben wir oben mehrfach ausgeführt, sind also hier des Beweises überhoben. — Sodann besteht die größere δόξα der Auferstehungsleiblichkeit, was die sittliche Lebensgestaltung anlangt, V. 44 ff., darin, daß der neue Leib nicht mehr ein σῶμα ψυχικόν, sondern ein σῶμα πνευματικόν sein wird. Daß der Apostel damit nicht sagen will, daß der neue Leib geistartiger, immaterieller sein werde, sondern daß er, wie auch der ganze Zusammenhang zeigt, nunmehr vom natürlichen auf's ethische Gebiet übergegangen ist, das bedarf für den, der den Grundtext und nicht die leider hier ganz falsche Luther'sche Übersetzung vor Augen hat, keines Beweises. Der Apostel will also sagen: Der erste Mensch Adam ist geschaffen zunächst als ein ἄνθρωπος ψυχικός, d. h. als ein Mensch, dessen Leben zuerst nur die auf's rein Psychische, also auf das, womit die Lebenskraft, die ψυχή, zuerst sich zu befassen hat, auf's organische Leben gerichtete Seite der menschlichen Natur repräsentirte. Seine Bestimmung aber ging nicht darin auf, sondern er sollte ein ἄνθρωπος πνευματικός werden. Er sollte, wie wir oben ausführten, seine immanente Gottbezogenheit auch zum Centrum seiner gesammten Lebensbethätigung machen. — Wenn der Apostel diesen Zwischengedanken dadurch, daß er ihn verschweigt, hätte läugnen wollen, wie einige Vertheidiger der Stofflosigkeit behaupten, so würde er sich in Widerspruch mit der ganzen Schrift und mit sich selber stellen. Dieser fehlende Gedanke muß des Zusammenhangs wegen unfehlbar ergänzt werden. — Leider aber erfüllte der erste Adam seine Bestimmung nicht, sondern blieb ein ἄνθρωπος ψυχικός, und so werden denn auch alle seine Nachkommen als ψυχικοί geboren. Eben darum hat Gott denn auch eine Erlösung erfunden und hat den δεύτερος Ἀδάμ, Christum, gesandt, der nicht blos selber als ein ἄνθρωπος πνευματικός wandelte, nicht blos selber die Gottbezogenheit des Menschen zum wirklichen Centrum seiner ganzen Lebensbethätigung machte, sondern der auch der Anfang und Quell aller Pneumatiker zu sein, der ein πνεῦμα ζωοποιοῦν für die ganze Menschheit zu sein befähigt war. Wer nun an ihm Antheil haben will, der darf nicht mehr ein ἄνθρωπος ψυχικός, oder wie der Apostel sich jetzt ausdrückt σὰρξ καὶ αἷμα sein wollen, sondern er muß von Christi πνεῦμα seine ψυχή ζῶσα wirklich zu einer ζῶσα, und damit im biblischen Sinne zu einem πνεῦμα machen lassen, das Lebensgrund und Lebensquell in der Verbindung und Gemeinschaft mit Gott allein findet. Insofern kann nun auch der Apostel von einem σῶμα ψυχικόν und einem σῶμα πνευματικόν reden. Das Erstere bezeichnet die Leiblichkeit eines ἄνθρωπος ψυχικός, das andere die Leiblichkeit eines ἄνθρωπος πνευματικός. Das Erstere bezeichnet eine Leiblichkeit, in welcher die ψυχή in ihrer Ursprünglichkeit, nach ihrer rein auf das organische, diesseitige Leben gerichteten Seite das Regiment führt, das andere bezeichnet eine Leiblichkeit, deren Lebensbewegungen das πνεῦμα, die bestimmungsgemäße, und durch Gottes Kraft unterhaltene Verbindung der ψυχή mit ihrem Gott beherrscht.

Die Exegese im Einzelnen, und die weiteren Ausführungen des Apostels berühren uns hier nicht. Die Erklärung der bisherigen hat aber zwischen unserem, aus der Schöpfungsgeschichte und dem Wesen der Leiblichkeit heraus entwickelten Standpunkte und dem seinigen keinen Dissensus, sondern eine völlige Übereinstimmung ergeben.

Und wenn nun dieser locus classicus weder an sich, noch in Verbindung mit der entwickelten Grundanschauung der Schrift etwas gegen die Materialität unserer Auferstehungsleiblichkeit beweist, wohl aber viel dafür, so ist es mit den üblicherweise sonst noch angezogenen Stellen nicht anders.

Die Heranziehung der biblischen Entgegenstellung von Fleisch und Geist, vgl. Seite 28, mit der man das dereinstige Verschwinden der Materialität und die Nothwendigkeit ihres Verschwindens zu beweisen sucht, beweist nichts Anderes, als daß die stofffeindlichen Ausleger hier einmal wieder das Ethische mit dem Natürlichen verwechselt haben. Fleisch und Geist sollen nicht als natürliche Gegensätze in Betracht kommen, sondern als ethische. Fleisch und Geist — und darin überhebt mich die Einstimmigkeit Aller des Beweises — sind nach der Schrift die beiden Pole unseres ethischen Verhaltens, Richtungen des ἔσω ἄνθρωπος. Σάρξ ist die bestimmungswidrige Richtung auf das Geschöpf, πνεῦμα die bestimmungsgemäße Richtung auf den Schöpfer. Daß aber in der Materialität als solcher nicht die Nothwendigkeit liegt, daß der Mensch σάρξ werde, haben wir mehrfach ausgeführt.

Und wenn man ferner zum Erweise, daß eine materielle Leiblichkeit nur eine zeitliche sein könne, sich auf Stellen beruft wie 2. Cor. 4, 18: „Was sichtbar ist, das ist zeitlich, was aber unsichtbar ist, das ist ewig", so hat man einfach den Vordersatz vergessen, der den Nachsatz erklärt: „Wir sehen nicht auf das Sichtbare, sondern auf das Unsichtbare". Unser Herz ist daheim nicht in dieser jetzigen, irdischen, sichtbaren Welt, sondern in jener anderen, noch unsichtbaren. Denn diese gegenwärtige sichtbare Welt ist πρόσκαιρα, nur auf eine Zeit lang, jene aber, die wir noch nicht sehen, ist ewig. Und auch die vielfach angezogene Stelle 2. Cor. 5, 1—4 beweist als ein bloßer Ausdruck einer über Tod und Grab sich wegschwingenden Sehnsucht so wenig gegen uns, daß wir füglich einer längeren Beziehung darauf überhoben sind.

Also auch so läßt sich die Materialität aus unserer dereinstigen Leiblichkeit nicht wegdeuten, und das mangelnde Verständnis für ihre Herrlichkeit und providentielle Bestimmung nicht sanctioniren.

Die Irrationalität des üblichen Begriffes der himmlischen Leiblichkeit.

Haben wir nun aber den Gegnern Mangel an Verständnis für die Herrlichkeit und providentielle Bedeutung der Materialität vorgeworfen und sie beschuldigt, dieselbe à tout prix wegschaffen zu wollen, könnte man uns denn nicht vielleicht mit gleichem Rechte den Vorwurf machen: wir hätten kein Verständnis für die alles übersteigende Herrlichkeit der sog. himmlischen Leiblichkeit, für die sie schwärmen? Wir meinen nein. Denn der Begriff der himmlischen Leiblichkeit, wie er von geistreichen und geistlosen speculativen Köpfen gewöhnlich gefaßt und wortreich dargelegt wird, ist vom Kopf bis zu den Süßen ein irrationeller.

Die Irrationalität desselben liegt zunächst in seinem flagranten Widerspruch gegen unläugbare und als rationell auf positiver Seite überall anerkannte Schriftlehren.

Denn angenommen, es wäre wirklich der Besitz einer solchen „himmlischen", geistartigen, stofflosen Leiblichkeit, wie man sie Christo gegenwärtig im Himmel zuschreibt, und wie sie also die Gestorbenen schon vor der Auferstehung und der neuen Erde besitzen könnten, es wäre der Besitz einer solchen Leiblichkeit das Ziel unserer Entwicklung, dann ist wahrlich nicht einzusehen, wozu noch eine Stunde der Auferstehung kommen muß, und vor Allem, warum wir mit unseren Ewigkeitshoffnungen und unserem Heimweh nach der rechten Heimath nicht auf den Himmel, sondern auf eine neue Erde in der Schrift vertröstet werden. Dann würde ja der Himmel vollkommen ausreichen. Und es ist allerdings sehr kennzeichnend, daß dieser klaren, und auch sonst in dem Zusammenhange des Schriftgedankens, also auch in dem Zusammenhange des göttlichen Weltplanes, felsenfest begründeten Aussage der Bibel gegenüber die kirchliche Dogmatik mit der Verheißung einer neuen Erde, und im Grunde auch mit der Auferstehung der Todten absolut nichts anzufangen weiß. Man kann ganze Bände über die letzten Dinge durchblättern und findet den neuen Himmel und die neue Erde kaum erwähnt, und die Stunde einer besonderen Auferstehung offenbar nur aus dogmatischer Hartnäckigkeit noch festgehalten. Es ist schon sehr kennzeichnend, daß man die Auferstehungsleiblichkeit immer nur als „himmlische" Leiblichkeit bezeichnet. Ein Zugeständnis, daß man mit einer solchen blos sogenannten Leiblichkeit auf die neue Erde nicht reflectiren kann. Diese Unwahrhaftigkeit der Schrift gegenüber ist sehr zu bedauern.

Angenommen ferner, es gebe eine himmlische Leiblichkeit im gewöhnlichen Sinne und es hätte also, was ja von den kirchlichen Dogmatikern niemand läugnet, Christus gegenwärtig im Himmel eine solche Leiblichkeit, so folgt mit logischer Consequenz daraus nicht blos, daß der Himmel ein locus circumscriptus der Schöpfung sein muß, sondern daß auch den Engeln, ja daß vielleicht Gott selbst eine der himmlischen Leiblichkeit Christi conforme Leiblichkeit eignen muß. Denn jede Leiblichkeit ist unter allen Umständen das Organ, durch welches ein Wesen mit einem in gleicher Leiblichkeit sich befindenden Lebensbereiche sich in Beziehung setzt. Ist kein solches Lebensbereich da, so fällt selbstverständlich die dafür nicht blos nicht passende, sondern absolut hindernde Leiblichkeit fort. Im Reiche Gottes gibt es ja wohl einen großen Überfluß von Gestalten und Existenzen, aber nichts Überflüssiges, und, außer beim Menschen, nichts Ungereimtes. Daß nun die Engel eine solche Leiblichkeit hätten, das ist eine fable convenue bei sehr Vielen und befremdlich nur dem, der sich an die Schriftaussage hält, daß die Engel nur πνεύματα seien. Aber wenn sie es nun wirklich nicht wären, was ist's dann noch, was uns dereinst von den Engeln unterscheiden wird, die nach der Schrift doch nur Diener, aber nicht, wie wir, Kinder Gottes sind? Nichts mehr. Und doch ist dieser Unterschied, den die Schrift besonders betont — 1. Cor. 6, 3. Ebr. 1, 14. Jac. 1, 18 etc. — so kolossal groß, daß er sich nothwendig auch schon in der äußerlichen Erscheinung darstellen muß, und dessen äußerliche Darstellung, nach unserer Ansicht von der Herrlichkeit der Materialität, darin gipfelt, daß in dem Menschen die getrennten Seiten der Schöpfung, Stoff und Geist, zu einem vollkommensten Einigungspunkte sich zusammenschließen, während die Engel nur die eine, die niedere Creatur nur die andere Seite der göttlichen Schöpfungsmöglichkeiten darstellen. — Oder sollten wir etwa, gegen die Schrift, noch immer keinen Unterschied der Würde und der Bestimmung zwischen Menschen und Engeln statuiren, und der landläufigen kindlichen Ansicht huldigen, daß die seligen Menschen Engel würden? Und sollten wir vielleicht wagen, uns diesfalls auf den einzigen Ausspruch aus dem Munde des Herrn, Matth. 22, 30, vgl. Marc. 12, 35 — von Luc. 20, 36 offenbar in nicht ganz richtiger Wiedergabe an Matthäus und Marcus angelehnt — zu berufen, daß wir den Engeln in der Auferstehung gleich sein würden, und dabei vergessen, daß der Herr gleich das tertium comparationis beifügt: sie werden nicht freien, noch sich freien lassen? Wir denken, auf diese στοιχεῖα der biblischen Theologie sollte man doch nicht mehr rücksichtigen zu müssen Noth haben.

Daß aber auch Gott eine himmlische Leiblichkeit habe, ja haben müsse — vgl. unten Seite 99 —, um ganz real sein zu können, das haben, gegenüber dem vernichtenden Worte des Herrn, Joh. 4, 24: πνεῦμα ὁ θεός, nur etliche alte und moderne Mystiker, und auch diese nur schüchtern zu sagen gewagt. Denn in der That, das zu sagen, wäre ein Wagnis. Sobald ja der Vater und dann consequenterweise auch der heilige Geist gleich dem Sohne eine umschriebene Form und besondere Leiblichkeit haben, sobald geht die Einheit Gottes in der Dreiheit zu Grunde. Wir haben dann factisch nicht mehr einen Gott, sondern drei gesonderte Götter. Dann ist aber auch die schon oben berührte Schriftaussage: daß Christus allein die Verleiblichung Gottes sei, nicht wahr. Also Widerspruch auf Widerspruch gegen die Schrift tritt uns entgegen. — Überhaupt aber, das möchte man hier einfügen, ist die fast komische Scheu vor einer Leiblosigkeit, verbunden mit der unbegrenzten Vorliebe für eine stofflose, blos sogenannte Leiblichkeit, die bei den kirchlichen Dogmatikern uns so vielfach entgegentritt, etwas für einen halbwegs consequenten Denker völlig Unerfindliches. Muß denn der Theologe allein noch immer so feenmährchenhaft kindlich sein, daß er zu keiner Abstraction vom Raume sich emporschwingen kann? Muß er denn allein nur extensive und nicht intensive Größe kennen? Muß er denn wirklich mit dem vulgären Materialismus auf den Standpunkt der ungebildeten Masse sich stellen und behaupten: nur was ich mir sinnlich vorstellen kann, das ist real? Wer auch nur einmal über den Begriff der Kraft nachgedacht hat, der weiß doch schon, daß man bei keiner Kraft die Kategorie des Raumes anwenden und fragen darf: wie lang, wie breit, wie dick ist die Kraft? Sie ist eben. Und bei der Kraft, die vor aller Kraft und vor aller Leiblichkeit war, da sollte man eine Leiblichkeit vermissen dürfen?

Zweitens aber ist die Idee der himmlischen Leiblichkeit, wie sie gewöhnlich concipirt wird, irrationell, weil sie an vernichtenden inneren Widersprüchen krankt.

Zwar es läßt sich allerliebst über die himmlische Leiblichkeit geistreich tüfteln, es lassen sich duftige Bilder von ihr entwerfen, aber bei Lichte besehen, kommt man doch nur auf Ungereimtheiten hinaus. Denn Eins müssen diese himmlischen Phantasiegebilde doch haben, nämlich eine Form. Sonst würde es ja auch kein Wiedersehen und Wiedererkennen nach dem

Tode geben, und — so gern man auch die Materialität daran gibt, diese Aussicht möchte man doch nicht gern fallen lassen. Das wäre zu untröstlich, das wäre zu ketzerisch. Also Form sollen die himmlischen Luft- und Lichtgebilde haben. Und zwar eine feste Form, die, wie man zu sagen pflegt, noch viel größere Schärfe und Bestimmtheit besitzt, als die Formen der gegenwärtigen Dinge. Aber wo Form ist, da muß auch ein Geformtes sein. Eine bloße Form ist nur eine mathematische Figur, die zwar völlige Bestimmtheit und scharfe Abgrenzung hat, aber doch nie in der Wirklichkeit, sondern immer nur in der Idee existirt. Was ist denn das Geformte an der himmlischen Leiblichkeit? Was füllt den Raum zwischen den Distancepunkten der Form aus? Nun, mit großer Gewandheit geht man um die Sache herum. Bisweilen scheint es, als wollte man gar kein Geformtes innerhalb der Formgrenzen der himmlischen Leiblichkeit anerkennen. So sagt der schon genannte Hamberger: „Die einzelnen Gebilde gehen liebevoll in einander ein, so daß keins in der Ferne vom anderen gehalten, keins der innigsten Nähe des anderen beraubt ist. Wiederum schmiegen sie sich so mild und freundlich in einander, daß keins durch das andere beengt oder belästigt wird." Das sind schöne Redensarten, bei denen man schwerlich an etwas Anderes denken kann, als an die Vorstellung von durcheinander fluthenden Gasmassen. Aber selbst diese Vorstellung ist viel zu materiell, da ja auch die Gasmassen dem Gesetze der Undurchdringlichkeit gehorchen, und nur ein mechanisches Nebeneinander, kein Ineinander, oder wenn ein Ineinander, dann doch nur unter der Form einer chemischen Verbindung zulassen. — Bisweilen scheint es, als ob man wirklich ein Geformtes, ein irgendwie stoffliches Element anerkennen wollte. So wenn es heißt: „Nicht selten scheut man sich den himmlischen Gebilden eine Ausdehnung zuzugestehen in der Besorgnis, sie hierdurch zur Materialität herabzuziehen. Eine solche Ausdehnung, wie sie bei den irdischen Dingen stattfindet, kann ihnen auch nicht eigen sein. Was aber in gar keinem Sinne ausgedehnt wäre, dem könnte (sic!) auch gar keine Wesenhaftigkeit und Wirklichkeit zukommen. Der Geist sogar muß eine gewisse Ausdehnung haben. Man darf ihn nicht in die Enge oder vielmehr in das Nichts eines mathematischen Punktes zusammensinken lassen, wenn er überhaupt existiren soll." — Also Ausdehnung, und doch keine Räumlichkeit. — Und weiter heißt es: „Für nicht minder bedenklich erachtet man es, der himmlischen Leiblichkeit die Eigenschaft der Dichtigkeit, Massivität beizulegen. Der Gedanke der Schwere, Rohheit, Plumpheit, wie uns solche mehr oder weniger bei den irdischen Gebilden begegnet, muß hier freilich durchaus fern gehalten werden. Doch darf man sich auch die Gestaltungen der himmlischen Welt nicht zu einer solchen Dünnheit verflüchtigt denken, daß ihnen die Palpabilität nicht mehr zukommen sollte. Freilich eine Palpabilität nicht für den irdischen, aber für den himmlischen Tastsinn." Auch Farbe sollen die himmlischen Gebilde haben, auch ein wachsthümliches Leben. — Kurz alles sollen sie haben, was zum Begriffe der Materialität gehört, nur nicht die Materialität selber, alle Eigenschaften des Stoffes, nur nicht den Stoff selber. Kann man sich eine größere Fülle von Widersprüchen zusammen denken? Und doch soll, wie man sagt, solch ein widerspruchsvolles Phantasiegebilde so real und wirklich sein, daß alle Gestaltungen der irdischen Welt ihm gegenüber sich nur gespensterhaft ausnähmen!

Diese — lebhaft an das schöne Mährchen Andersens: „Des Kaisers neue Kleider" erinnernden — Widersprüche zu bedecken, kann auch die modern gewordene Berufung auf die Entdeckung einer vierten Dimension nicht beitragen.

Denn abgesehen davon, daß die Thatsache, das Vorhandensein der sog. strahlenden Materie — von dem Geisterspuke des Spiritismus zu schweigen — darauf sie sich stützt, eine andere Erklärung zuläßt, ist doch die hohe Bedeutung, welche man der vierten Dimension beilegt, rein aus der Luft gegriffen.

Denn entweder ist diese vierte Dimension eine besondere für sich bestehende neue Art zu messen, und dann ist sie nur der Ausdruck dafür, daß es eine überräumliche Welt gebe, in welcher ganz andere Körperlichkeitsgesetze herrschten, als in unserer dreidimensionalen. Oder diese vierte Dimension ist nur eine Ergänzung der drei uns bekannten Dimensionen. Oder endlich soll mit dem Ausdruck bezeichnet werden, daß es Existenzen gebe, denen nur eine oder zwei unserer Dimensionen anhafteten, Länge und Breite, und welche damit in unserer jetzigen Welt unsichtbar wirkten. Im ersten Falle müssen selbstverständlich die Vorgänge in einer überräumlichen Welt unserer Wahrnehmung sich völlig entziehen. Sobald wir sie wahrnehmen, gehören sie nicht mehr einer überräumlichen Welt an, und sobald sie wahrnehmbar gemacht werden können, so muß die wissenschaftliche Naturbetrachtung folgern: Diese Vorgänge gehörten der diesseitigen sichtbaren dreidimensionalen Welt an, und nur unsere bisherigen Forschungsmethoden, unsere Instrumente und unsere Beobachtungskreise hätten nicht dahin gereicht. Im zweiten Falle muß, so gewiß ein dreidimensionales Ding wahrnehmbarer ist, als ein nur zweidimensionales sein würde, ein vierdimensionales Wesen noch viel mehr in's Gesicht fallen, als ein dreidimensionales. Der letzte Fall aber würde nach der oben ausgesprochenen Prämisse, daß eine Solidarität zwischen der Leiblichkeit eines Wesens und der Leiblichkeit des ihm angewiesenen Lebensbereiches stattfinden müsse, unmöglich sein, wie denn auch ein zweidimensionales Wesen in sich ein Unding sein würde.

In naturphilosophischen Kreisen ist es heutzutage üblich, das Vorhandensein einer anders dimensionirten Welt, anstatt aus prekären Thatsachen, auf logischem Wege aus der Kant-Zöllner'schen Antinomie herzuleiten, daß der Weltraum und dem entsprechend die Weltmasse entweder endlich, oder unendlich sein müßten. Endlich könne der Weltraum nicht sein, da er sonst wieder von anderen körperlichen Räumen, und diese wieder von anderen, und so in infinitum — begrenzt werden müsse. Unendlich könne der Weltraum und damit die Weltmasse nicht sein, denn sonst würde jeder Körper einen unendlichen Druck auszuhalten haben und sich in Folge dessen in's Unendliche verflüchtigen müssen. Also müsse es eine andere Art zu messen geben, als die bisher übliche. Der euklidische dreidimensionale Raum, in welchem die gerade Linie in infinitum verlängert werden könne, müsse aufgegeben und eine andere Weltdimensionirung angenommen werden, bei welcher es ein Krümmungsmaß der geraden Linie gebe, d. h. bei welcher die gerade Linie verlängert wieder in sich zurücklaufe. Daraus wird dann mit hohem Schwung der Gedanken allerlei für das bisher ganz übersehene Vorhandensein einer anders dimensionirten Welt geschlossen. Es ist indeß diese ganze Gedankenoperation so sehr ein hinter'm grünen Tische ausgeheckter und in der Logik mit dem Namen „Achilles" bezeichneter Sehlschluß, der nebenbei als lediglich auf die gegenwärtige Welt bezüglich mit unserer Frage nichts zu thun hat, daß wir billig jeder Rücksichtnahme darauf überhoben sind.

Aber angenommen auch, daß man durch die Annahme einer anderen Weltdimensionirung die Widersprüche in dem Begriffe der himmlischen Leiblichkeit decken könnte, so stimmt jedenfalls die Behauptung ihres Vorhandenseins nur mit der kirchlichen Auffassung von einer für den Himmel bestimmten Leiblichkeit, nicht mit der nüchternen biblischen Lehre von einer für die neue Erde bestimmten Auferstehungsleiblichkeit.

Will man aber endlich, absehend von der ganzen modernen Hypothesenfängerei, den Anstoß, den nicht blos der sensus communis an den Widersprüchen im Begriffe der himmlischen Leiblichkeit nimmt, damit zu Boden schlagen, daß man kurzweg sagt: „der nur an dieser sichtbaren Welt klebende Verstand kann allerdings so etwas nicht fassen, wir reden von einer anderen neuen Gotteswelt", so ist doch u. E. zu erwidern: „wer gibt Euch denn eine Erkenntnis von dieser Welt und ihren

Gesetzen, von denen die Bibel nicht das geringste andeutet? Wer vor Allem gibt Euch das Recht, von der Welt einer höheren Ordnung Dinge zu prädiciren, deren absolute Ungereimtheit ihren Ursprung aus einer mißglückten Combination sinnlicher irdischer Vorstellungen mit dem Widerwillen gegen die gottgeschaffene Materialität an der Stirne trägt?"

Uns dünkt, wenn Jemandem, so ziemt es dem Theologen seine Vernunft sammt ihren Phantasieen und Liebhabereien gefangen zu geben unter den Gehorsam des Glaubens und dann getrost zu erwarten, daß das thörichte Evangelium von Jesu Christo, je tiefer er sich hineinarbeitet, um so mehr auch da als die rechte, wissenschaftlich allein haltbare Weisheit sich erweisen werde, wo die Gedanken der Weisen an ihrer eigenen Nichtigkeit zu Grunde gehen.

Auf diesem Standpunkte verfängt es dem Verfasser auch nichts, wenn man über seine, wie er glaubt, biblisch realistische Anschauung mit allerlei absprechenden Urtheilen wie: „massiv realistische Bauerntheologie, grobsinnliche Auffassung, Verewigung der Stofflichkeit" etc. zu Gerichte sitzt. Es dürfte doch Wahrheit bleiben, daß eine Idealität, die keine Materialität zur Seite hat, die gar nicht in die Nothwendigkeit kommt, in der Durchdringung der Materialität mit Idealem ihre Kraft zu erweisen, weniger werth und weniger Gottes würdig ist, als eine Idealität, die am und im Materiellen als Herrscherin sich offenbart. Auch dem Verfasser ist vor Zeiten die verflüchtigende Auffassung der kirchlichen Theologie näher gewesen. Aber die wuchtigen Aussagen der Schrift über die Auferstehung der Todten, über den neuen Himmel und die neue Erde, die Berichte über die Erscheinungen des auferstandenen Christus, die durch keinen Sprung unterbrochene, Anfang, Mitte und Ende der Wege Gottes in ein großes und durchsichtiges System zusammenfassende Consequenz des Gedankens, und daneben die Beschäftigung mit der tiefer gehenden positiven Naturforschung haben ihm das alte Ideal als ein Idol zerschlagen.

Außerbiblische Zeugnisse für die Richtigkeit unserer realistischen Anschauung.

Der Werth, die Bedeutung und Richtigkeit einer theologischen Grundanschauung beruht principaliter auf ihrer Übereinstimmung mit der Schrift, aber wird auch gemessen an ihrer Übereinstimmung mit anerkannten Größen, — besonders der Naturwissenschaft, — an ihren Consequenzen, an ihrer eigenen Consequenz und an ihrer bis auf die letzten Punkte ihres Umkreises sich erstreckenden Denkbarkeit.

Wir würden also, nachdem wir bisher unsere realistische Auffassung im Einzelnen an der Bibel entwickelt haben, von diesen vier Punkten noch sprechen müssen.

Wir haben also

a.

wenigstens andeutungsweise auszuführen, daß wir uns mit allgemein anerkannten Resultaten der Naturwissenschaft im Einklang wissen.

Einiges haben wir im Verlaufe unserer Deduction bereits dargelegt. Der Vollständigkeit wegen wollen wir es indeß kurz recapituliren.

1. Was die Spectralanalyse bezüglich der gesammten Astralwelt nachweist, das haben wir an die Spitze gestellt: Es besteht eine Solidarität zwischen der gesammten Schöpfung. Das ganze Weltall bildet ein großes, eng verbundenes, substantiell gleichartiges Lebensbereich. Substantielle Veränderung eines Weltkörpers würde entweder den Zusammenbruch der

gesammten Weltordnung zur Folge haben, oder eine gleiche substantielle Veränderung bei allen voraussetzen.

Und da wir nun gewissermaßen die Schöpfungsspectra einzelner, entferntest stehender, Sterne ablesen können, während wir augenscheinlich bei anderen noch in Bildung begriffenen Weltstoff gewahren, und da wir überall die gleiche Materialität, die gleiche stoffliche Zusammensetzung wie auf unserer Erde finden, so müssen wir die Materialität als das uranfängliche, providentiell bestimmte, Kleid der göttlichen Schöpfungsoffenbarung ansehen. Und was im Großen und Ganzen gilt, das gilt auch von jedem einzelnen Weltkörper. Es muß eine Gleichartigkeit der stofflichen Zusammensetzung zwischen allen zu einem Weltkörper gehörigen Dingen und Wesen bestehen. Es hat also von Anfang an keine zum Lebensbereiche speziell unserer Erde gehörigen immateriellen Wesen geben können.

2. Was die Geologie bezüglich der einzelnen Perioden der Erdbildung nachweist, das haben auch wir auf Grund der Bibel behauptet: Es gibt keine Periode der Erdbildung, in welcher die an der Erde ihr Lebensbereich besitzenden Wesen stofflich anders geartet sein konnten, als heute. Es muß also stoffliche Leiblichkeit die von Gott zu Anfang geschaffene Daseinsform des Menschen gebildet haben.

3. Was einstimmiges Resultat aller Naturbetrachtung und Voraussetzung aller Naturerkenntnis ist, das haben wir ausdrücklich zur folgenschweren zweiten Prämisse gemacht: Alle Leiblichkeit organischer Wesen ist bis in ihre kleinsten Theile Organ der in diesen besonderen Wesen subsistirenden Lebensidee.

4. Was die Naturwissenschaft in allen ihren Schattirungen lehrt, das haben wir als durchgängige consequente Schriftlehre erwiesen, daß nämlich die im Menschen subsistirende Lebensidee, die menschliche ψυχή, auf eine organisirte stoffliche Leiblichkeit angewiesen ist.

Diesen principiellen Übereinstimmungen zwischen unserer Auffassung und allgemein anerkannten Resultaten der Naturwissenschaft haben wir die Genugthuung, noch einige andere hinzufügen zu können.

Nach der Anschauung der gesammten Naturwissenschaft ist die Form der elementaren Verbindungen eine unendlich wechselnde. Aber die Materialität aller wie immer gearteten Verbindungen ist durch die Ewigkeit der stofflichen Elemente gesichert. Und eben dies finden auch wir in dem über der materiellen Schöpfung stehenden Gottesurtheile: Es war Alles sehr gut! Das Allgemeine, was aus Gottes Schöpferhand hervorgeht, das hat auch so, wie es daraus hervorgeht, — also abgesehen von allen ungöttlichen und widergöttlichen Änderungen und abgesehen von allen gottgewollten Formverwandlungen, — einen ewigen Bestand. Zwar wir können der materialistischen Naturwissenschaft nicht zugeben, daß die Elemente a priori ewig seien. Aus religiösen Gründen nicht, weil Gott allein ewig sein muß, um allein souverain sein zu können. Und aus naturwissenschaftlichen Gründen nicht, weil alle Materie als Raumerfüllendes Form haben muß. Ja jedes Element hat nach der Lehre von den Atomen seine besondere Form. Jede Formation aber weist auf eine Abgrenzung und Besonderung hin, welche das Geformte befähigt, seiner eignen Natur entsprechend zu agiren. Darum muß nothwendig eine solche teleologische Macht angenommen werden, welche, da ein Stoff ohne Form nicht existiren kann, mit der Formgebung auch zugleich den Stoff gesetzt haben muß. Also nicht eine Ewigkeit der Elemente a priori, wohl aber eine Ewigkeit der Elemente a posteriori müssen wir zugeben. Ja wir müssen sie mit Rücksicht auf die logische Consequenz unserer, in die biblische Lehre von der neuen Erde ausmündenden Grundanschauung ausdrücklich fordern.

Diese Ewigkeit der Elemente schließt, so lehrt nun weiter die Naturwissenschaft, große Umwälzungen, Revolutionen auf einem ganzen Weltkörper, wie im ganzen Weltall nicht aus, sondern ein. Überall haben Entwicklungsperioden stattgefunden, welche stets vom Niederen zum Höheren aufstiegen. Auch die gegenwärtige Periode kann nicht als die abschließende betrachtet werden. Es wird eine neue kommen. Und zwar wird — eigenthümliches Zusammentreffen mit der Bibel! — die große Katastrophe, welche diese neue Entwicklungsperiode herbeiführt, sich nicht auf diesen einen rollenden Planeten Erde beschränken, sondern es wird das ganze Weltgebäude, vielleicht anfangend mit unserem Sonnensysteme, eine Umwälzung erfahren. — Ein neuer Himmel und eine neue Erde! — Diese Umwälzung, wenn nicht vorher schon andere Katastrophen in anderen Weltsystemen eintraten, wird voraussichtlich durch die meßbare Erkaltung und Verkalkung der Sonne herbeigeführt werden. Die durch diese Erkaltung verursachte Erstarrung der Sonnenoberfläche wird eine Zusammenziehung ihrer Masse, eine Verminderung ihres Volumens herbeiführen. Und dann wird, sagt man, mit höchster Wahrscheinlichkeit eine furchtbare Explosion der in ihrem Inneren verborgenen Gluthmassen und dadurch eine Zersprengung ihres ganzen Körpers stattfinden. Sobald aber das Gravitationscentrum unseres Weltsystems fehlt, wird ein Zusammenstoß und Zusammenbruch aller zu diesem Systeme gehörigen Weltkörper nicht blos, sondern auch aller Weltsysteme erfolgen.

Daß die hl. Schrift die Zerstörung von Himmel und Erde durch Feuer behauptet, das steht damit nicht in Widerspruch. Denn selbst wenn die feurigen Gluthmassen nicht wären, welche das Innere fast sämmtlicher Weltkörper erfüllen, so würde schon durch den ungeheuren Anprall, durch den unermeßlichen Druck beim Zusammenstoß ganzer Weltkörper eine solche Wärmemenge erzeugt werden, daß sie die von Prof. Meyer in Zürich jüngst zur Zersetzung der, bisher als einfache Grundstoffe angesehenen, Elemente, mit Glück verwandte enorme Hitze um das Drei- und Vierfache übertreffen würde.

Wenn nun diese Auflösung stattgefunden hat, so wird nothwendig, das lehrt Naturwissenschaft und Bibel — eine

5*

Neubildung, wenn auch vielleicht nicht nach der Kant-Laplace-schen Theorie, vor sich gehen müssen. Es wird aus denselben Grundstoffen ein neuer Himmel und eine neue Erde werden.

So deckt sich Naturwissenschaft und Bibel nach unserer Auffassung. Die übliche stofffeindliche Anschauung dagegen kann sich hier mit der Naturwissenschaft nur in Widerspruch setzen. Denn eine neue Erde, welche aus denselben Grundstoffen wie die jetzige besteht, paßt nicht zu der vorausgesetzten unstofflichen Auferstehungsleiblichkeit des Menschen. Von diesem Standpunkte aus kann eine stoffliche neue Erde nur negirt werden, und das widerspricht der Wissenschaft und der Bibel zugleich, welche beide die Stofflichkeit als eine gottgesetzte und gottgewollte und darum ewige anerkennen. Oder aber man muß die allseitig anerkannte Thatsache läugnen, daß eine Solidarität zwischen der Leiblichkeit des Menschen und der Leiblichkeit seines Lebensbereiches stattfinden müsse. Oder endlich, man muß behaupten, daß der Mensch dereinst mit der neuen Erde nichts zu thun haben werde, und das stände in flagrantestem Widerspruche mit der biblischen Grundanschauung, daß der Mensch bestimmt sei, das zusammenfassende Haupt der Creatur, der Brennpunkt der geschöpflichen Offenbarung Gottes zu sein.

Es ließen sich leicht noch andere Übereinstimmungen zwischen unserer Auffassung und den Resultaten der modernen positiven Naturforschung aufzählen. Insbesondere bezüglich des Verhältnisses zwischen Seele und Leib, wie zwischen Seele und Geist etc. etc. Doch würde uns ein solcher Nachweis zu sehr in's Detail führen, und für unsere Frage wenig fruchtbringend sein.

---

b.

Wir haben zweitens zu fragen: Welche eigenthümlichen Consequenzen ergeben sich aus unserer realistischen Auffassung?

Selbstverständlich kommen hier nur solche Consequenzen in Betracht, welche eine Abweichung von dem üblichen Lehrbegriff bedeuten. Andere werden später unter d zur Sprache kommen.

Wir begnügen uns aber auch hier nur zwei, und zwar zwei bedeutsame Consequenzen hervorzuheben.

1. Indem wir feststellten, daß jede Leiblichkeit consubstantiell ihrem Lebensbereiche sein müsse, und daß die Bedeutung jeder Leiblichkeit organischer Wesen in ihrer Bestimmung liege, Organ zu sein, d. h. die Verbindung der organischen ψυχή mit ihrem Lebensbereiche zu vermitteln, sowie besonders, daß die menschliche ψυχή ihrer eigenthümlichen Art nach, und um die centrale Stellung des Menschen innerhalb der Creatur zu wahren, darauf angelegt sei, mit einer stofflichen Leiblichkeit bekleidet zu werden und in einem stofflichen Lebensbereiche zu existiren, indem wir dies feststellten, haben wir die Möglichkeit jedes Geister- und Gespensterspukes völlig ausgeschlossen.

Nach unserer Ansicht muß nothwendig die menschliche ψυχή vom Tode bis zur Auferstehung nackt, d. h. körperlos bleiben. Da nun dieselbe nur befähigt ist, vermöge materieller Organisation innerhalb eines materiellen Lebensbereiches zu wirken, da ferner, wie wir als unabweisbares Resultat der Naturforschung hervorhoben, die gesammte sogenannte*) geistige

---

*) Wir nennen die geistige Entwicklung des Menschen eine „sogenannte", weil wir, wie oben entwickelt, der Trichotomie nur eine begriffliche, aber keine ontologische Bedeutung beilegen können. Die sogenannte geistige Entwicklung ist nichts als die Entwicklung der specifischen Begabung der menschlichen ψυχή: das Gebiet, welches sie als Lebenskraft plastisch beherrscht, auch als Wille und Vorstellung zu beherrschen. Und in der Art und dem Umfang dieser Begabung besteht — das müssen wir der materialistischen Naturforschung zugeben — nur ein gradueller Unterschied zwischen der Thierseele und der Menschenseele. Der specifische Unterschied zwischen beiden liegt auf dem Gebiete, von welchem der Materialismus aus Vorliebe für die Bestialität nichts wissen will, das aber nichtsdestoweniger doch existirt, auf dem Gebiete dessen, was die Schrift πνεῦμα nennt, auf dem Gebiete der Gottbezogenheit. Danach modificirt sich die sensualistisch klingende

Entwicklung nur nach dem Grundsatze sich vollziehen kann: nihil est in intellectu, nisi quod antea fuerit in sensu, so können der menschlichen ψυχή nach dem Tode aus der diesseitigen Körperwelt auf directem Wege keinerlei neue Erkenntnisse zukommen, und sie kann innerhalb der Körperwelt auf keinerlei Weise spontan sich manifestiren.

Weil sie keine neuen Erkenntnisse auf directem Wege aus der diesseitigen körperlichen Welt sich sammeln kann, weil also das, was wir geistige Entwicklung nennen, einstweilen abgeschlossen ist, so kann in der Zwischenzeit zwischen Tod und Auferstehung die Seele nur recapituliren. Weil aber die Verbindung der Seele mit der göttlichen Offenbarungssphäre durch den Tod nicht abgeschlossen ist, vielmehr nun erst recht Einwirkungen und Beziehungen stattfinden können, und der Natur der göttlichen Liebe entsprechend stattfinden müssen, so versetzt man in diese Zeit der Recapitulation mit Fug und Recht das Selbstgericht: die in der Beleuchtung durch die göttliche Offenbarungssphäre sich vollziehende Selbstkritik. Und weil nun der Seele mit dem Fehlen ihrer Organe die Receptivität der körperlichen Welt gegenüber mangelt, so muß ihr auch die sonst sinn- und verständnislose, spontane Einwirkung auf dieselbe, die spontane Manifestation in derselben unmöglich sein. Freilich nur die spontane. Es ist ja durchaus nicht unmög-

---

Anwendung des Satzes: nihil est in intellectu, nisi quod antea fuerit in sensu. Die gesammte sogenannte geistige Entwicklung ist nichts Anderes, als der umfänglich und inhaltlich sich mehrende Niederschlag aus der Einwirkung der Außenwelt auf die ψυχή und der Reaction der ψυχή gegen die Außenwelt. Damit ist aber freilich nur ein kleiner Theil von dem Umfange der der menschlichen ψυχή eignenden Begabung ausgesprochen. Es gibt darüber hinaus Vieles und gerade das Allerwichtigste in intellectu, was vorher nicht in sensu war und sein konnte. Nämlich das gesammte Gebiet der geistlichen, der pneumatischen Entwicklung die an den innerlichen Berührungspunkten zwischen dem Menschen und der göttlichen Offenbarungssphäre sich ansetzt und aufbaut. Wer diese Berührungspunkte negirt, dessen sogenannte geistige Entwicklung bleibt in Wirklichkeit immer nur graduell von der thierischen unterschieden.

lich, daß eine gottgewollte Manifestation, aber auch nur eine solche, und dann in einem von Gott gegebenen, der stofflichen Leiblichkeit dieser Erde entsprechend substantiirten und der Seele angepaßten Körper stattfinde. Man vergl. u. A. die dunkle Stelle: Matth. 27, 52 u. 53. Durch den Ausschluß einer spontanen Manifestation in der körperlichen Sphäre ist aber nicht ausgeschlossen eine auf dem Wege der sog. geistigen Sympathie, des geistigen Rapports, sich vollziehende innerliche Manifestation der Seele, welche sich je nach Empfänglichkeit des betr. lebenden Menschen bis zur Vision steigern kann. Nur dürfen wir eben nicht vergessen, daß das Spectrum bei dieser und jeder Vision in gewöhnlichem Sinne ein rein subjectives Gebilde ohne jede objective Realität ist. Auf diese Weise erklären sich die sämmtlichen als wahr beglaubigten Todtenerscheinungen und visionären Todesankündigungen ungezwungen als natürliche, in der Natur der menschlichen Seele begründete Vorgänge, ohne daß man ein mystisches Element hinzuzunehmen brauchte.

Wir wissen uns hier in dem entschiedensten Gegensatze zu der gewöhnlichen kirchlichen Auffassung. Zwar es ist nicht so, daß dieselbe, wie manche meinen, ein directes und regelmäßiges Verkehren der abgeschiedenen Seelen mit den noch Lebenden, ein Eingreifen in ihre Verhältnisse, ein fortgesetztes Wirken der Gestorbenen innerhalb der sichtbaren Welt behauptete, aber sie gibt die Möglichkeit eines solchen spontanen Einwirkens, ja spontaner Erscheinungen der Todten principiell zu. Und sie muß sie zugeben. Stemmen sich doch die meisten kirchlichen Dogmatiker mit aller Macht gegen die Anwendung unserer Prämisse auf dieses Gebiet, daß nämlich ein geschaffenes Wesen spontan in einem Lebensbereiche nur wirken könne, wenn es den in demselben geltenden Daseins- und Lebensbedingungen angepaßt sei. Ebenso läugnen sie das Nacktsein der Seele nach dem Tode. Sie können sich, wie Hamberger, kein reales Wesen ohne wenigstens irgend eine Art von Leiblichkeit denken. Darum stimmen die meisten auch für eine Zwischenleiblichkeit, obgleich nicht einzusehen ist, wozu dann noch die Auferstehung dienen soll, da diese Zwischenleiblichkeit doch wahrlich nicht gut noch weniger materiell sein kann, als die stofflose himmlische Leiblichkeit, und mehr materiell erst recht nicht sein kann, da die Materialität im Tode völlig abgestreift ist. Und was soll eine Seele mit einer luftartigen Zwischenleiblichkeit in einem dafür gar nicht passenden Lebensbereiche, wenn sie — wie man sagt — damit nicht spuken gehen soll! Zwar es wird der Gespensterglaube und der Spiritismus mit volltönendem Anathema belegt. Aber nur aus moralischen Gründen. Man bemängelt am Gespensterglauben nur den Mangel an einer ernsten sittlichen Motivirung der Todtenerscheinungen. Man bemängelt am Spiritismus nur die hochmüthige Anmaßung, daß die Existenzen einer überräumlichen Welt auf Befehl eines beliebigen Menschen klopfen, schreiben, dichten, wahrsagen etc. sollten. Aber die Grundvoraussetzungen, auf denen beide ruhen, tastet man nicht an. Das kirchliche Anathema ist so nur ein Werfen von Seifenblasen gegen Festungsmauern. Der Gespensterglaube und der Spiritismus sind so gut und fest in der kirchlichen Eschatologie gewurzelt, daß die Geltendmachung ethischer Unterschiede in diese fundamentale Übereinstimmung auch nicht die geringste Bresche zu legen im Stande ist. Wer Gespensterglauben und Spiritismus wirksam zerstören will, für den gilt es: principiis obsta!

Allein von unserem Standpunkte aus sind beide ganz und völlig überwunden, weil wir ihre Grundvoraussetzungen negiren. Erst hier kann man darthun, daß der Gespensterglaube reiner Aberglaube, daß alle Todtenerscheinungen Hallucinationen, oder wenn's hoch kommt Visionen mit subjectivem Spectrum sind, und daß der Spiritismus, soweit nicht wirklich vorhandene natürliche Kräfte zur Anwendung kommen, durchaus Schwindel, und zwar unglaublich unsinniger und kindischer Schwindel ist, der als echte Taschenspielerkunst nur unterm Tische und im Finstern, oder im mystischen Halbdunkel seine Orgien feiern und kritiklose Gemüther bestricken kann*).

2. Aus dem Satze, daß die Leiblichkeit immer nur das, einem bestimmten Lebensbereiche auf den Leib geschnittene Organ sei, folgt mit logischer Consequenz der andere: daß der auferstandene Christus, gerade sowie bei seinem Erscheinen und Verschwinden und wie bei seinem Kommen durch verschlossene Thüren, so auch bei seiner Himmelfahrt seine materielle Leiblichkeit abgelegt haben muß, und also gegenwärtig im Himmel keine Leiblichkeit hat, bis er sie dereinst bei seiner Wiederkunft wieder anlegt.

Will man hier fragen: warum denn Christus mit einer solchen materiellen Leiblichkeit gen Himmel gefahren sei, die er doch hätte ablegen müssen? so ist zunächst zu antworten: darum, weil er keine andere hatte. Sodann aber ist die Gegenfrage zu erheben: ob denn die in den damaligen Volksvorstellungen noch tief befangenen Jünger den Herrn wohl verstanden haben würden, wenn er ihnen in einem längeren Exposé

---

*) Daß im Spiritismus bisher noch wenig bekannte, und wohl auch im Grunde den spiritistischen Medien, — welche notorisch sich ihre Fertigkeit nur durch große Übung haben aneignen müssen — unbekannte Naturkräfte benutzt und dem urtheilslosen Aberglauben dienstbar gemacht werden, das ist ebenso sicher, wie daß die erscheinenden und schreibenden Geister die Geister und Sänger oder Instrumente der Medien oder ihrer Helfershelfer oder vielleicht im besten Falle der in magnetischem Rapport mit ihnen stehenden Personen sind. Bei weiterer Verwerthung und Ausbildung der jüngsten Entdeckungen auf dem Gebiete der Electricität und des Magnetismus, und besonders vielleicht der neuesten Entdeckung eines vierten Aggregatzustandes und der eigenthümlichen Kräfte der strahlenden Materie, und vor Allem bei genauerer Beobachtung über den Einfluß des menschlichen, somatisch fixirten Willens auf die feinen und feinsten Naturkräfte und Zustände, wird jedenfalls experimentell und mit exacter Begründung des Einzelnen als naturgesetzlich nachgewiesen werden, was unverstanden den Erfindern des Spiritismus durch einen glücklichen oder unglücklichen Zufall zuerst aufgestoßen sein mag. Es ist mit vielen großen, neuen Entdeckungen ähnlich gegangen.

über die richtigen Begriffe von Raum, Himmel, Ewigkeit etc. den Beweis geführt hätte, daß er unsichtbar gen Himmel fahren müsse? Sollten sie verstehen, daß nun des Herrn leibliche Gegenwart bei ihnen ihre Endschaft erreicht habe, und daß das Auge des Glaubens ihn nicht mehr auf Erden, sondern im Himmel, am Throne Gottes zu suchen habe, so mußte er gerade so vor ihnen auffahren, wie er's gethan hat. Zuerst mußte er sichtbar eine Weile lang vor ihren Augen auffahren, ganz so, wie sie ihn zu sehen und bei sich zu haben gewohnt waren, und dann, wenn die beabsichtigte Überzeugung bei den Jüngern gewirkt war, mußte er durch das Ablegen seiner Leiblichkeit dem Lebensbereiche Rechnung tragen, in welches er sich zu begeben im Begriffe stand. Man könnte fragen: wie denn Christus mit einer solchen massiven Leiblichkeit, wie wir sie ihm zuschreiben, gen Himmel, in die Höhe habe fahren können? Aber da dürfte doch die Gegenfrage zu erheben sein: welches Wunder größer sei, das einmalige, in der bei Christo schon gewohnten Überwindung des Gesetzes der Schwere bestehende (vgl. Matth. 14, 25—31), oder das mindestens elffache Wunder der totalen Umwandelung der nur auf das Sehen des Materiellen eingerichteten Augen der Jünger, welches die Anhänger der himmlischen überräumlichen Leiblichkeit annehmen müssen?

Will man nun aber doch festhalten, daß Christus gegenwärtig im Himmel Leiblichkeit haben müsse, so muß man, nach dem Grundsatze, daß die Leiblichkeit immer nur das Organ für die Bethätigung einer Seele in einem leiblich ebenso gearteten Lebensbereiche ist, auch annehmen, daß der Himmel ein locus circumscriptus der Schöpfung sei, und daß auch Gott und die Engel, weil sie Christi Lebensbereich bildeten, eine himmlische Leiblichkeit besäßen. Und das sind schwer wiegende Folgerungen, über die wir das auf S. 56 ff. Gesagte zu vergleichen bitten.

Hat nun aber Christus gegenwärtig im Himmel keine Leiblichkeit, so fällt damit unwiderruflich der ganze zur Stütze der lutherischen Abendmahlslehre ausgeklügelte locus von der ubiquitas corporis Christi.

Gäbe es gegenwärtig eine solche ubiquitas, so müßte, nach unseren auf die durchgängigen Schriftaussagen gegründeten Deductionen, unweigerlich dies corpus Christi auch Fleisch und Bein haben, und also für unsere jetzigen Sinne nicht minder, wie ehemals für die irdischen Sinne eines Thomas, palpabel sein. Ich gestehe offen, daß diese Folgerung mich zuerst sehr abgestoßen hat. Nicht, weil der Segen des Sacramentsgenusses mir dadurch verkümmert worden wäre, sondern weil die große Einstimmigkeit der alten Kirchenlehrer mit ihrer gigantischen Geistesarbeit mir ein noli me tangere schien. Aber je mehr ich darüber klar wurde, daß Joh. 6, die einzige und ausführliche Erklärung aus des Herrn eigenem Munde über das Essen seines Fleisches und das Trinken seines Blutes, eine nicht abzuläugnende authentische Widerlegung der lutherischen Abendmahlslehre sei, und je mehr bei genauerer Beschäftigung mit den Arbeiten der neueren Dogmatik über die Realpräsenz mir die Haltlosigkeit ihrer Deductionen entgegentrat, um so mehr mußten meine Bedenken schwinden.

Dazu kam die Überzeugung, daß auch sonst die lutherische Abendmahlslehre einer nüchternen Betrachtung an keiner Stelle Stand hält.

Denn angenommen, wir empfingen wirklich Leib und Blut der himmlischen Leiblichkeit Christi, und man könnte, was man nicht kann, wirklich von einem Fleisch und Blut einer solchen fleisch- und blutlosen himmlischen Leiblichkeit reden, wozu dient denn der Genuß des Fleisches und Blutes Christi? Bewirkt er etwa die ganze volle Gemeinschaft mit dem Herrn? Nun dazu kann nach der gerade bezüglich dieser Frage entscheidenden Stelle, Joh. 6, 63, Fleisch und Blut des Herrn nicht dienen. Aber es wäre wahrlich auch unendlich wenig, wenn mir, der ich den Herrn selber suchte, im heiligen Abendmahle nur sein Leib und Blut geboten würde! Nicht die Gemeinschaft mit der leiblichen Organisation des Herrn, sondern die Gemeinschaft mit ihm selber, mit seinem lebendig machenden Geiste, ist für meinen nach felsenfester Gewißheit ringenden Glauben unentbehrlich. Oder sollte man sagen, es diene der Genuß der verklärten Leiblichkeit des Herrn dazu, um in den Genießenden die Keime der Auferstehungsleiblichkeit zu pflanzen? Nun, dann wehe nicht blos allen, die von Christo nicht gehört haben, sondern auch denen, die an ihn glaubten, aber, durch die Umstände verhindert, nicht haben communiciren können! Zwar heißt es: non privatio, sed contemptus sacramenti damnat. Aber wie unglücklich würden die armen, gläubigen Seelen am jüngsten Tage sein, wenn sie zwar wegen des Mangels des Sacramentsgenusses nicht verdammt würden, aber doch nackt, ohne die Auferstehungsleiblichkeit bleiben müßten. Wollte man aber sagen, in solchem Falle würde ihnen per gratiam specialem die Auferstehungsleiblichkeit doch geschenkt, so hätte man der ganzen Feier des hl. Abendmahles ihre souveräne Bedeutung geraubt. Schließlich aber, — wo ist auch nur eine einzige bündige Schriftstelle, welche diese eigenthümliche, neulutherische Abendmahlslehre wirklich, und nicht erst vermöge einer petitio principii beweist? Der Herr selber, indem er den Genuß des heiligen Abendmahles lediglich mit dem Gedächtniß seines Todes in Verbindung bringt, scheint die Verbindung mit seiner Auferstehungsleiblichkeit entschieden und ausdrücklich zu verbieten.

Aber noch einmal: Angenommen wir empfingen wirklich Christi wahren Leib und wahres Blut, so können wir doch nur Leib und Blut der verklärten himmlischen Leiblichkeit Christi empfangen. Aber — angenommen wiederum, man könnte, was man nicht kann, von dem Leibe und von dem Blute einer „himmlischen" Leiblichkeit Christi noch in anderem als bildlichen Sinne reden — es hat dieser Leib, dieses Blut für uns doch nur eine prophetisch tröstende, aber keine die Einsetzung eines Sacramentes motivirende Heilsbedeutung. Für unsere Erlösung, für unsere Theilnahme an der Gottesgnade und Gemeinschaft durch Christi Tod, für diesen Herzpunkt unseres geistlichen Bedürfens sind sie werthlos. Dafür würde, wenn überhaupt die Stofflichkeit des Fleisches und Blutes Christi und nicht lediglich die in der Hingabe seines Fleisches und Blutes sich offenbarende Liebes- und Opferthat für uns Heilswerth besäße, nur der Leib und das Blut werthvoll sein, welches Christus am Kreuze geopfert hat. Dieser Leib Christi ist aber durch die Auferstehung — besonders bei Annahme der von lutherischer Seite mit größter Energie behaupteten Verflüchtigung der Materialität — so völlig verwandelt, daß von einer Identität seines Fleisches und Blutes mit dem doch nur sogenannten Fleische und Blute des „himmlischen" Leibes Christi ehrlicher Weise gar keine Rede sein kann.

Wie man aber auf lutherischer Seite auch denken und speculiren mag, Eins steht unter allen Umständen fest: Die Jünger haben bei der Einsetzung des heiligen Abendmahles weder Fleisch und Blut der irdischen, noch der himmlischen Leiblichkeit des Herrn empfangen. Wer das läugnen will, der muß die Bibel verdrehen.

Will man das Sacrament als solches halten und dem christlichen Volke wieder lieb und heilig machen, so muß man das Körperliche von ihm abstreifen, und es aus dem Gebiete der Physik in das Gebiet der Ethik und des Glaubens aufsteigen lassen*).

---

*) Damit der Verfasser nicht in Verdacht komme, es habe ihn bei seinem Urtheile eine Vorliebe für die reformirte Abendmahlslehre geleitet, so steht er nicht an zu bekennen, daß s. E. die zwinglische Lehre das hl. Abendmahl seines sacramentalen Charakters entkleidet, indem es die Segenswirkung in's genießende Subjekt legt, und daß die calvinische Lehre, weil sie sich auch von der Physik nicht losmachen kann, weil sie auch zu dem Oxymoron sich versteigt, daß Christus mit seinem Leibe und Blute unsere Seele speise, der sacramentalen Bedeutung des heil. Abendmahles ebenso wenig gerecht wird, als die lutherische Lehre. Die eigne Ansicht des Verfassers gipfelt in Folgendem: Beim hl. Abendmahle kommt der Herr, der der Geist ist, das πνεῦμα ζωοποιοῦν, wirklich, realiter, nur geistig zusammen

c.

Von den Consequenzen unserer biblisch realistischen Auffassung wenden wir uns nun zu ihrer eigenen inneren Consequenz.

Es mag sein, daß Mancher von unserer Auffassung im Ganzen wie im Einzelnen abgestoßen wird. Einen Vorzug aber hat sie vor der stofffeindlichen Ansicht von der himmlischen Leiblichkeit voraus. Das ist ihre innere Folgerichtigkeit. Dieselbe fällt auf den ersten Blick in's Auge und können wir uns deshalb hier kürzer fassen. Weil aber der Verfasser diese Folgerichtigkeit nicht selber gemacht, sondern der Bibel entlehnt zu haben sich bewußt ist, so darf er sie nicht ganz verschweigen.

Zunächst weisen wir darauf hin, daß nach unserer Auffassung der ganze Weltplan Gottes ein großes in sich zusammenhängendes System bildet. Anfang und Ziel der Wege Gottes decken sich. Und das ist der Allweisheit Gottes allein würdig, daß am Ziele ihrer Wege nichts anderes zu Tage tritt, als was keimartig wenigstens am Anfange bereits präformirt war. Materialität ist der Anfang der Offenbarung Gottes und darum das unläugbare Zeugnis, daß Gott in der Extensität des Raumes die intensive Fülle seiner Herrlichkeit auseinanderfalten wollte. Materialität, volle Offenbarung in materieller Gestaltung, ist darum auch das Ziel der Wege Gottes, das Anfang und Ende unlöslich verbindet. Dazwischen liegt dann eine große Geschichte des Kämpfens

---

mit dem Menschen, der Staub vom Staube und Sünde von Sünde ist, aber durch seine Gnade an ihn glaubt. Indem nun dieser Mensch der Stiftung des Herrn gehorsamt, und damit sein Verlangen nach voller Lebens- und Wesensgemeinschaft mit ihm bezeugt, empfängt er durch ein directes Wirken des Herrn von Geist zu Geist unter dem Genusse des Brodes und Weines, als der Zeichen des Leibes und Blutes Christi, die symbolisch fixirte, in ihrer massiven Realität einzigartige Trostesgewißheit, daß er als ein Glied des mystischen Leibes Christi Antheil habe an alle dem, was Christus durch die Hingabe seines Leibes und Blutes der Menschheit erworben hat.

und Ringens. Dazwischen liegt die große, furchtbare Katastrophe des Sündenfalles, der mit dem Centrum der Schöpfung, dem Menschen, auch die Peripherie, die Natur, in eine völlige Lageveränderung bringt. Aber über den streitenden Elementen und über der versinkenden Menschenherrlichkeit steht die allmächtige Liebe Gottes, dieselbe, die ehemals die Welt schuf, weil sie ihre überquillende Fülle nicht für einen Raub halten wollte. Diese allmächtige Liebe kann nicht zugeben, daß der Fall der Creatur das ganze Schöpfungswerk in Trümmer schlage. Darum erfindet sie in ihrer souverainen Allmacht das große, gottselige Geheimnis der Erlösung, das, indem es die Sünde aus dem Mittel thut und das Centrum der Creatur wieder zurechtrückt, die abgerissene Verbindung wiederherstellt und das vollkommene Ziel mit dem vollkommenen Anfang wieder verknüpft. Da braucht nichts von dem, was Gott geschaffen hat, wieder zu verschwinden. Verschwinden muß nur das, was der Mensch verdorben hat. — Die gegnerische Ansicht muß aber, wenn sie consequent den Menschen als das Centrum der Creatur festhalten will, den ganzen kolossalen Apparat der materiellen Welt verschwinden lassen, um für ihre Idee — nicht Raum, sondern — Raumlosigkeit zu gewinnen.

Wenn man unsere, bezw. die biblische Auffassung bekämpfen will, dann muß man den Grundstein zersprengen. Die Mauern sind unantastbar. Der Grundstein aber ist durch die nach allen Seiten hin bewiesene Thatsache, daß die erste Schöpfung Gottes die Materialität war, unabänderlich festgestellt*).

---

*) Ob innerhalb der Geschichte der Materialität noch ungelöste Räthsel übrig bleiben, das ändert nichts an der grundlegenden Thatsache, daß Gott seine innerliche Herrlichkeit in materieller Form hat auseinanderfalten wollen. Die Frage nach der Motivirung, warum eine Zersplitterung der Materialität in die ungeheure Unsumme von Sterngebilden habe stattfinden müssen, und

Sodann weisen wir darauf hin, daß bezüglich des Menschen unsere Auffassung in unseren durchgängig gewahrten Prämissen feste Ausgangspunkte gesetzt hat, welche den Menschen nach Form und Materie in eine solche unauflösliche Verbindung mit der gesammten Schöpfung bringen, wie sie ihm als dem Centrum der geschöpflichen Offenbarung Gottes zukommen muß. Die Materialität der menschlichen Leiblichkeit steht und fällt mit der Materialität der ganzen Schöpfung. Und diesen Standpunkt haben wir auf allen Stufen bis zu dem Zielpunkte der Entwicklung, bis zur neuen Erde consequent festgehalten und an den Aussagen der Bibel erwiesen. Die gesammte psychologische Construction des Menschen haben wir als dem entsprechend nachgewiesen. Die Geschichte der Sünde und die Motivirung der menschlichen Sterblichkeit gliedert sich folgerichtig hier ein, und die Auferstehung der Todten mit einer neuen materiellen Leiblichkeit, angepaßt der neuen ebenso materiellen Erde, macht den nothwendigen Beschluß. Insbesondere zeigt sich hier bei der vorausgesetzten Bestimmung des Menschen zur Unsterblichkeit die Auferstehung der Todten am Ziele der Wege Gottes als unabweisbare Forderung der gottgesetzten Materialität am Anfang. Die Auferstehung der Todten wird so zu einem nothwendig sich vollziehenden Naturproceß, der von der ethischen Entwicklungsge-

---

die andere: warum insbesondere unsere Erde so viele in ihrer Flüchtigkeit ihre Unvollkommenheit beweisende geologische Epochen habe durchmachen müssen? diese Fragen bleiben einstweilen noch ungelöst, nachdem wir oben erwiesen haben, daß die zu ihrer Lösung vorgeschlagenen Wege sowohl der Bibel, als auch der Größe Gottes widersprechen. — Der Ebrard'sche Versuch, diese Räthsel durch die Annahme zu lösen, Gott habe von vornherein die ganze Welt mit Rücksichtnahme auf die zukünftige Sünde der Menschen als ein Interimisticum geschaffen und construirt, trägt so sehr den Todeskeim in sich, daß wir ihn hier nur beiläufig erwähnen. — Die genannten Räthsel bleiben aber auch im letzten Grunde bei jeder anderen Auffassung noch stehen. Es kann also ihre zugestandene einstweilige Unlösbarkeit nicht speciell unsere Ansicht discreditiren.

schichte der Menschheit erklärt und verklärt wird, gehalten und umrahmt wird.

Diese biblische Grundanschauung, welche mit ehernen Ketten Anfang, Mitte und Ende der Wege Gottes mit einander verknüpft, steht damit u. E. thurmhoch über der üblichen Lehre von der himmlischen Leiblichkeit, die weder die Furchtbarkeit des Todes, der der Sünde Sold ist, würdigen, noch die Auferstehung von den Todten und die neue Erde als unbedingt nothwendig in's System einzugliedern weiß.

Daneben hat sie eine unläugbare apologetische Kraft, weil sie von zugestandenen Prämissen aus ein logisch unanfechtbares Gebäude zimmert und, indem sie die wichtigsten Glaubensthatsachen in diesen Rahmen fest und sicher hineinspannt, dieselben den Einwürfen des Zweifels wirksam entzieht.

Es ließen sich leicht noch andere Erweise der inneren Consequenz unserer Ansicht im Ganzen wie im Einzelnen aufführen, indeß wir bescheiden uns billig.

———

d.

Es erübrigt nur noch zu zeigen, daß unsere biblisch realistische Ansicht bis auf die letzten zu ihrem Umkreise gehörigen Punkte denkbar ist, also nicht an der Irrationalität leidet, welche wir der gegnerischen Ansicht vorgeworfen haben.

Wir haben es hier also lediglich mit der Lehre von den letzten Dingen, speciell von dem neuen Himmel und der neuen Erde zu thun.

Das müssen wir freilich von vorn herein bekennen, daß uns eine gewisse innerliche Scheu abhält, mit einer solchen zuversichtlichen Dreistigkeit die zukünftige Welt auszumalen, wie das häufig geschieht. Wir sind noch Wartende, so gut als Andere, und halten es deshalb für ein völlig aussichtsloses Unterfangen, wenn man sich geberdet, als stände über dem neuen Himmel und der neuen Erde nicht das Wort des Herrn:

was kein Auge gesehen, was kein Ohr gehört hat und was in keines Menschen Herz gekommen ist, das hat Gott aufbehalten denen, die ihn lieben.

Wir werden uns also darauf beschränken, zu zeigen, daß eine stofflich der jetzigen Welt im Großen und Ganzen gleiche Welt und Leiblichkeit mit den Attributen der Ewigkeit und Vollkommenheit, die wir ihr beizulegen gezwungen sind, nicht in das Gebiet des Irrationellen gehört. Wir werden zu dem Ende lediglich die aus unserer Grundanschauung sich ergebenden Consequenzen aufzeigen.

Zur Orientirung haben wir nur noch einige Bemerkungen über die Begriffe: Raum, Zeit und Ewigkeit vorauszuschicken.

Bekanntlich sind diese Begriffe bis in die neueste Zeit Gegenstand lebhafter Controverse. Ihre übliche Auffassung hat zu den verworrenen Vorstellungen von Überräumlichkeit, und Unterräumlichkeit, von Überzeitlichkeit und Unterzeitlichkeit geführt, und ist so auch ein Anlaß mit gewesen, die Idee der himmlischen Leiblichkeit und einer stofflosen, aber doch geformten Welt zu concipiren.

Was zuerst den Raum betrifft, so ist es selbstverständlich, daß der Raum keine begrenzte Größe ist, da dasjenige, was ihn begrenzen würde, selbst wieder räumlich sein müßte, und so in infinitum. Der Raum ist aber auch nicht als eine materielle Größe, als ein Etwas zu definiren. Darum aber ist doch der Raum weder an sich unendlich, noch darf man ihn als den leeren Platz des Universums bezeichnen. Vielmehr ist der Raum die mit der Existenz mehrdimensionaler Größen zugleich gesetzte reale Möglichkeit, ihrer Eigenart entsprechend zu existiren und zu functioniren. Einen an sich unendlichen Raum gibt es also nicht, sondern wo die Grenzen der existirenden Dinge sind, da sind auch die Grenzen des Raumes. Eben darum aber ist der Raum nicht, wie Kant ausführt, eine bloße Vorstellungsform, sondern, wie Franz v. Baader es s. Z. begründete, etwas Reales, und zwar, wie wir hinzufügen, etwas dadurch real Werdendes, daß es eine Vielheit mehrdimensionaler Dinge gibt, welche vermöge ihrer Undurchdringlichkeit Abstände von einander und in ihren einzelnen Theilen haben. Daraus folgt, daß alles, was im Raume existirt und ihn erfüllt, nothwendig mehrdimensional sein, also auch irgendwie stofflich sein muß. Denn es muß etwas da sein, was die Distancepunkte zwischen den Grenzen der bestimmten Form ausfüllt. Auf der andern Seite folgt aber auch, daß irgendwie Geformtes außerhalb des Raumes, also auch außerhalb der Stofflichkeit nicht existiren kann, daß demnach von überräumlichen, geformten aber stofflosen Wesen überhaupt keine Rede sein kann. Es gibt jenseits der Räumlichkeit sicherlich reale Wesen, so gewiß es einen Gott gibt, aber die Kategorie der Form ist auf dieselben nicht anwendbar, sie gehören nicht in das Gebiet der Vorstellung.

Was dem gegenüber eine Unterräumlichkeit sein soll, welche Baader für die Auferstehungsleiber der Gottlosen in Anspruch nimmt, darüber kann man wohl Worte machen, aber man kann es nicht zum klaren Begriff bringen. Man kommt immer wieder auf eine Verwechselung des Raumes, in welchem eine solche Leiblichkeit sich befindet, mit der ihr eignenden Schwerfälligkeit oder Gebrechlichkeit. hinaus.

Anders als mit dem Raume verhält es sich mit der Zeit. Der Raum, welchen eine Vielheit mehrdimensionaler Dinge dadurch, daß sie existiren und functioniren, schafft, bleibt. Die Zeit aber ist immer etwas Verschwindendes. Ein Nebeneinander von Vergangenheit und Gegenwart gibt es nicht. Für unsere Betrachtung ist alles Gegenwart, für unser begriffliches Denken nur gibt es Vergangenheit, Gegenwart und Zukunft. Die Zeit ist also an sich nicht etwas Reales. Sie ist auch nicht der Moment, das Jetzt. Denn auch dieses bezeichnet nichts als den im Augenblicke der Beobachtung bestehenden Zustand. Die Zeit ist nur der Maßstab für das Mit-, Vor-

und Nacheinander wechselnder Zustände, den wir deshalb anlegen, weil unser permanentes Ich unter der Aufeinanderfolge wechselnder Zustände groß wird. Darin hat also Kant Recht, wenn er die Zeit lediglich als subjective Anschauungsform bezeichnet.

Man thut darum Unrecht, wenn man Raum und Zeit in Parallele setzt. Zusammengehörige Begriffe sind sie nur, sofern wir sie als Vorstellungsformen betrachten. Unser Vorstellungsleben ist von Zeit und Raum gleicherweise unabtrennbar. Sobald wir aber beide an sich betrachten, treten sie auseinander. Der Raum entspricht und entspringt der Existenz, dem Dasein und wird dadurch selbst ein Reales. Die Zeit aber ist und bleibt nur der Maßstab für das Vor-, Mit- und Nacheinander wechselnder Zustände an den existirenden Dingen, ist also an sich nichts, sondern lediglich Anschauungsform. Darum thut man auch Unrecht, Zeit und Zeitlichkeit mit einander zu verwechseln. Was die Zustände der Dinge zu wechselnden macht, ist nicht die Zeit, sondern es sind andere wirkende Factoren. Und was die Dinge dahin bringt, daß sie als solche ihre Endschaft erreichen, das ist wiederum nicht die Zeit. Daraus, daß etwas in der Zeit wird und wechselt, folgt demnach keineswegs, daß es auch in ihr vergehen müsse, wie wir das oben bezüglich der uranfänglichen Bestimmung der Menschen zur Unsterblichkeit hervorgehoben haben. Man thut darum auch Unrecht, wenn man Zeit und Ewigkeit in der Weise in Gegensatz bringt, daß man die Zeit als die Form der Unvollkommenheit, die Ewigkeit, als die Form der Vollkommenheit ansieht. Auch in der Vollkommenheit gibt es Zeit, denn es gibt in ihr Leben und Bewegung. Erst daraus, daß gegenwärtig alles innerhalb der Zeit Existirende vergänglich ist, hat man den Schluß gemacht, Zeitlichkeit und Vergänglichkeit seien identisch. Erst daraus, daß man jenseits dieser Vergänglichkeit, die man Zeit nannte, eine Unvergänglichkeit anzunehmen gezwungen war, die man Ewigkeit nannte, hat man die Berechtigung abgeleitet, Zeit und Ewigkeit in Gegensatz zu setzen. Mit größerem Rechte, als mit dem man von einem unendlichen Raume spricht, kann man deshalb von einer unendlichen Zeit sprechen. Der Raum hat seine Grenze an dem Vorhandensein mehrdimensionaler Wesen, und deren Zahl kann endlich sein, die Zeit hat aber ihre Grenze nur an dem Geschehenen. Und so gewiß die Ewigkeit ein unendliches Geschehen in sich birgt, so gewiß birgt sie auch eine unendliche Zeit in sich. Und wenn nun etwas in der Zeit existiren kann, ohne darum endlich sein zu müssen, so hat man, da Zeit und Raum an sich keineswegs Parallelbegriffe sind, noch vielmehr Unrecht, wenn man von allem im Raume Befindlichen sagen wollte, daß es nothwendig auch darum zeitlich oder endlich sein müsse*).

Diese Gesichtspunkte, wie sie leitend gewesen sind bei unseren bisherigen Betrachtungen, halten wir nun auch aufrecht bei der Betrachtung der vollkommenen Welt, des neuen Himmels und der neuen Erde.

Räumlichkeit wird es geben in der vollkommenen Welt, so gewiß Geformtes in ihr sein wird. Und so gewiß Geformtes in ihr sein wird, so gewiß wird auch Stofflichkeit die Distancepunkte zwischen den Grenzen der Formen ausfüllen. Und ebenso wird auch Zeit in ihr sein, so gewiß Leben da sein wird. Daß wir diese neue Welt als die vollkommene betrachten müssen, als die erschienene Ewigkeit, das ändert, nach dem eben Gesagten, weder an dem Einen noch an dem Anderen etwas. Der Begriff der Vollkommenheit steht und fällt nicht mit dem Vorhandensein von Zeit und Raum, sondern hängt an dem, was im Raume existirt und in der Zeit geschieht.

---

*) Wir haben die vorstehenden Behauptungen nur skizziren können. Manche vermittelnde Gedanken fehlen. Wir bitten das damit zu entschuldigen, daß wir hier weitläufige philosophische Untersuchungen anzustellen nicht beabsichtigen konnten.

Wenn wir nun im Einzelnen die zukünftige Welt, den neuen Himmel und die neue Erde nach unserer Vorstellung denkbar zu machen versuchen, so müssen wir von dem Weltgebäude als solchem, von der neuen Leiblichkeit des Menschen, von den socialen Verhältnissen auf der neuen Erde und von der ewigen Gottesgemeinschaft der Seligen reden. — Alle Zwischenfragen, wie z. B. die Frage nach dem tausendjährigen Reiche, nach der ersten Auferstehung, nach dem Weltgerichte etc. interessiren uns hier nicht.

1. Zuerst der neue Himmel und die neue Erde. Daß beide materiell sein werden, haben wir zur Genüge erwiesen. Die Frage ist nur, wie wir uns das Arrangement der Stofflichkeit in dem neuen Weltgebäude vorstellig zu machen haben?

Ob die große Katastrophe der totalen Umwälzung und Umbildung des jetzigen Weltgebäudes sich in kurzer oder langer Zeit vollziehen wird, das kann uns hier gleichgültig sein. Man könnte aus 1. Cor. 15, 52 vielleicht eine plötzliche Verwandlung: ἐν ἀτόμῳ, ἐν ῥιπῇ ὀφθαλμοῦ herauslesen. — Ob, wenn diese Umwandlung geschieht, eine der gegenwärtigen Himmelsconstruction entsprechende Sonderung der Weltmasse zu Tausenden von Gestirnen stattfinden, oder ob sich etwa dieselbe zu dem einen großen Körper der neuen Erde zusammenballen wird, darüber abzuurtheilen wäre äußerst thöricht, da wir nicht einmal über den Zweck der gegenwärtigen — auch nach der Kant-Laplace'schen Theorie nicht durchaus nothwendigen — Besonderung der Weltmasse die mindeste Angabe machen können. — Ob die neue Erde dermaleinst auch der astronomische Mittelpunkt des Weltalls sein wird, wie sie sein Herz ist, oder ob Gott, um die neue Menschheit sein bei der Demuth zu halten, wieder den alten Grundsatz innehalten wird: „im Kleinsten das Größte", also daß die Erde wieder ein Bethlehem wird unter den rollenden Gestirnen „mit nichten die kleinste unter den Welten, weil sie dem Herzen Gottes die nächste ist", das zu entscheiden fällt uns nicht bei. — Ob aber nicht die gegenwärtige, in den Astralverhältnissen durchaus nicht nothwendig begründete Theilung des Lichtes, der dem entsprechende Wechsel von Tag und Nacht, der durch die Axenstellung der Erde gegenwärtig bedingte Wechsel der Jahreszeiten und der Zonen verschwinden wird, darüber könnte man sich Muthmaßungen erlauben. Wäre es doch auch möglich, aus der hochinteressanten Stelle Apoc. 21, 23 herauszulesen, daß die bisherige Theilung des Lichtes, bezw. Sixirung des Lichtes in verschiedenen Lichtern, in dem neuen Weltgebäude in Wegfall kommen werde. Es werde vielmehr die neue Erde von einer göttlichen Lichtsphäre umgeben sein, welche das leuchtende Element nicht materiell, sondern persönlich fixiren und so die Thatsache symbolisiren werde, die der Herr Joh. 8, 12 ausspricht: Ich bin das Licht der Welt. Wenigstens würde eine solche Auffassung der Idee und Bestimmung der neuen Erde: eine Hütte Gottes bei den Menschen zu sein (vgl. Apoc. 21, 1—3) am meisten entsprechen. Auch würde so die allgegenwärtige Realpräsenz Gottes am deutlichsten zum Ausdruck und zur Erscheinung gebracht. Endlich würden dadurch all die kindischen Fragen nach dem Klima der neuen Erde, nach der Zonenvertheilung, nach den Naturerscheinungen auf ihr etc. etc. abgeschnitten, und der nothwendig aufzustellenden Behauptung, daß die neue Erde das wiedergewonnene Paradies in ihrer ganzen Ausdehnung sein müsse, eine Art von physikalischer Begründung gegeben.

Wenn wir uns nun die neue Erde selbst ausmalen wollen, so haben wir einfach auszusprechen, daß von ihr alles, was irgendwie mit Recht als Unnatur in der gegenwärtigen Natur empfunden wird, ausgeschlossen sein muß. Specialisiren wollen wir indeß nicht, obgleich die Gelegenheit, mit schönen Worten ein farbenreiches Bild zu malen, außerordentlich nahe liegt. Hervorheben wollen wir aber, daß wir das Entstehen und Vergehen einzelner Naturgebilde, dessen Verständnis erst die neuere Lehre von der Erhaltung der Kraft aufgeschlossen hat, und das, wie wir oben S. 27 darthaten, keineswegs ein Zeugnis von dem widergöttlichen Eindringen der Todesmacht in die Schöpfung ist, sondern viel eher das zweckvolle Spiel des Lebens, welches vollkommen den teleologischen Verhältnissen der einzelnen, den Zweck ihres Daseins in bestimmt abgegrenzter Zeit erreichenden Naturwesen entspricht — daß wir dies Entstehen und Vergehen keineswegs als Unnatur von der neuen Erde auszuschließen haben. Ausgeschlossen ist nur die zweckwidrige und unnatürliche Beendigung der Existenz einzelner Naturwesen, wie wir sie heute überall finden.

Wir behaupten aber auch, daß es auf der neuen Erde außer dem Menschen auch Naturwesen geben muß, deren Existenz die Würde des Menschen, das zusammenfassende und beherrschende Centrum der Creatur zu sein, zu symbolisiren hat. Gleichfalls scheint es uns über allen Zweifel erhaben, daß, wenn auch nicht dieselben geologischen Formationen, dieselben Pflanzengebilde, dieselben Thierspecies wieder auftreten werden, doch wenigstens der Grundtypus der gegenwärtigen Naturdinge und Wesen auch den Grundtypus der außer dem Menschen vorhandenen Naturgebilde auf der neuen Erde bilden werde. So nur könnte auch die Continuität mit der unverlorenen irdischen Culturentwicklung festgehalten werden. Ebenso scheint es uns über jeden Zweifel erhaben, daß eine unendliche Mannigfaltigkeit von Formen und Gestaltungen, ganz wie hier, nur noch viel schöner und reichhaltiger, auf der neuen Erde sich werde finden müssen.

Überhaupt scheint es uns, daß wir von der Größe Gottes dereinst das Größte zu erwarten haben. Denken wir uns nur das verlorene Paradies als ein wiedergewonnenes, und malen wir uns nur in Gedanken diesen Zielpunkt unserer Hoffnung so heimathlich und anheimelnd aus, wie wir können, und seien wir gewiß, daß Gott noch viel tausendmal Größeres und Herrlicheres aufbehalten hat denen, die ihn lieben!

Daß diese unsere Auffassung von der neuen Erde denkbar

ist und nicht an Irrationalitäten leidet, wird man aus dem Grunde uns nicht bestreiten können, weil wir unser Bild nach dem Modell der jetzigen Erde gezeichnet haben, indem wir nur die zu ihrem Wesen nicht gehörigen, nicht ursprünglichen, sondern mit der Katastrophe des Sündenfalls zusammenhängenden Irrationalitäten, welche ihr ankleben, gemäß unseren früheren Auseinandersetzungen abstreiften. So gewiß ursprünglich eine solche sünden- und todfreie Erde existiren konnte, so gewiß wird sie es dereinst können.

Jedenfalls dürfen wir uns der Hoffnung hingeben, der biblischen Lehre von der neuen Erde mehr gerecht geworden zu sein, als die übliche kirchliche Auffassung es vermag, welche in ihrem ideologisch verflüchtigenden Systeme die neue Erde völlig entbehren könnte.

2. Auf diese neue Erde nun wird die neue Menschheit gestellt. Die Frage: wann das geschieht und was alles erst geschehen sein muß, ehe der neuen Menschheit die Erde als Wohnsitz angewiesen werden kann, gehört in die Dogmatik im engeren Sinne. Die Frage: wie lange die Zwischenzeit, die Zeit der Leiblosigkeit, währen werde, ist für uns auch wenig bedeutsam, da das langsame Schleichen der Zeit nur von dem sich Langweilenden, oder von dem Beängstigten empfunden wird. Dem Glücklichen, dem Seligen aber schlägt keine Stunde, er wird das Zifferblatt der Zeit nicht gewahr. Die fernere Frage: wie viele derer seien, die auf der neuen Erde ihren Wohnsitz empfangen würden, und wie groß demnach die neue Erde sein müsse, kann uns wegen der Unmöglichkeit ihrer Beantwortung nur überflüssig erscheinen. Unserem Herzen freilich würde eine ἀποκατάστασις τῶν πάντων am meisten zusagen, und der Liebe Gottes würde sie nach unserem beschränkten Urtheile am würdigsten sein. Aber wir bescheiden uns. Nur die Frage nach der Auferstehung der Gottlosen müssen wir kurz beleuchten. Daß die Bibel eine solche Auferstehung lehrt, ist durchaus nicht bestreitbar (vgl. Joh. 5, 29).

Daß aber diese Auferstandenen nicht den herrlichen Leib der Seligen haben werden, das ist selbstverständlich. Worin der Unterschied beider bestehen werde, darüber ist vielfach gestritten. Das Eine scheint aber nothwendig angenommen werden zu müssen, daß die Leiblichkeit der Gottlosen nicht von der durch die Gottesgemeinschaft wieder normal, wieder unsterblich gewordenen plastischen Kraft der Seele gehalten und durchwirkt werden kann. Und doch wird auf irgend eine Weise die Verbindung zwischen Seele und Leib zu einer unlösbaren gemacht sein müssen, welche doch fortwährend sich zu lösen scheinen wird, ohne je wirklich gelöst zu werden. Es wird ein sich tragen Müssen sein mit einem Schwergewichte, das nicht gehalten werden kann, und das doch nicht fortfällt. Ebenso wird man endlich, wie es scheint, behaupten müssen, daß in der Leiblichkeit der Gottlosen das sittliche Verderben in einer Weise wird Gestalt gewinnen müssen, daß es auch nach außen hin handgreiflich offenbar ist, und jeder sich selbst, jeder dem Anderen ein Greuel und Scheusal wird.

Die Frage nach dem Aufenthaltsorte der auferstandenen Gottlosen gehört eigentlich nicht hierher. So viel ist aber augenscheinlich, daß derselbe gerade wie die neue Erde eine materielle, räumliche Örtlichkeit sein muß, in welcher aber nicht die Schönheits- und Herrlichkeitsfülle Gottes in Myriaden von harmonischen Gestaltungen sich ausbreitet, sondern in welcher eine düstere, freudlose Natur den dumpfen Seelenzustand der Verlorenen und die schwer lastende Gerechtigkeit Gottes symbolisirt.

Ganz anders wird es mit der Leiblichkeit der Seligen sein. Wie sie zu Stande kommt, das deutet die Schrift dadurch an, daß sie die Bekleidung der Seligen mit der Auferstehungsleiblichkeit als eine Art Neuschöpfung darstellt. 1. Cor. 15, 38. Daß aber auch die plastische Kraft der Seele bei der Heranziehung der stofflichen Elemente in irgend einer, vielleicht in ganz hervorragender Art betheiligt sein wird, das geht aus dem Begriff der ψυχή, wie wir ihn oben entwickelt haben, mit Nothwendigkeit hervor. Dadurch aber, daß der Auferstehungsleib ein neuer Leib sein wird, ist nicht eine total andere Gestaltung desselben bedingt. Der Typus desselben wird sicherlich nicht geändert, und kann nicht geändert werden, da der jetzige Leib trotz aller Unvollkommenheit als der gottgeschaffene im Großen und Ganzen der Idee des Menschen adäquat sein muß. — Er kann aber auch nicht geändert werden, weil unsere Leiblichkeit dereinst bleibt, was sie hier sowohl war, als geworden ist, nämlich ein der Seele völlig angepaßtes und von ihr erworbenes Organ. Jeder Seele paßt nur das ihrer individuellen Art und Begabung genau entsprechende Organ. Jede Seele kann also nur in einem ganz bestimmt geformten Körper, nicht in einem beliebigen anderen wohnen*).

Die daraus nothwendig resultirende Ähnlichkeit unseres Auferstehungsleibes mit unserem jetzigen Körper muß aber, wegen der unendlich feinen und genauen Beziehung der Seele zu allen Theilen der Leiblichkeit, nicht blos eine allgemeine, sondern eine bis in's Einzelne gehende sein. So behielt ja selbst der auferstandene Christus die Narbe in seiner Seite und die Nägelmale an Händen und Füßen als die unveräußerlichen Zeichen des Opfers, in das seine ganze Seele sich versenkt und das ihm seine alles überragende Bedeutung gegeben hatte. Auch der Ton der Stimme muß ein ähnliches Timbre haben als vorher (vgl. Joh. 20, 16). Auch die Gewohnheiten und Gepflogenheiten des äußeren Anstandes müssen durchweg dieselben sein (vgl. Luc. 24, 30. 35). Namentlich aber muß das, was vor Allem den Menschen uns hienieden kenntlich

---

*) Aus dieser in unseren Prämissen logisch begründeten Behauptung folgt u. A. auch, daß der auferstandene Christus, wie oft er auch seine Leiblichkeit anlegte oder ablegte, immer nur in derselben Erscheinungsform das ihm passende Organ finden konnte. Es ist dies dasselbe Gesetz der Form, welches auch überall in der Natur die Constanz des Gattungstypus garantirt.

macht, was das vornehmste Stück seiner Organisation ist, der Spiegel der Seele: das Gesicht, die alten Grundzüge unverändert an sich tragen. Nur die Specialzüge, die die Sünde eingegraben, und die Furchen der Sorge, die Falten des Leides, die Runzeln des Alters, das ganze Gepräge der Sündhaftigkeit, die sich leiblich fixirt hat, und der Sterblichkeit, die sich überall bis in Gang und Haltung ausprägt, das alles wird, wie wir oben ausführten, verschwunden sein. Die gesammte Gestalt in all ihren Zügen wird eine Verklärung erfahren (vgl. Seite 38 ff.), aber der Grundcharakter ihrer Züge wird und muß derselbe bleiben. Das ist eine Naturnothwendigkeit, keine specielle Gnadengabe. Es könnte nicht ebenso gut auch anders sein.

Gerade wir können also die in der Bestimmung der Leiblichkeit als Organ begründete, und durch die Materialität der neuen Leiblichkeit garantirte plastische Ähnlichkeit zwischen unserer jetzigen und der zukünftigen Leiblichkeit als nothwendig, und somit die Nothwendigkeit des Wiedererkennens betonen. Die Anhänger der Lehre von der himmlischen Leiblichkeit dagegen können ehrlicherweise von einem äußerlichen Wiedererkennen auf der neuen Erde nicht reden, da eine äußerliche Ähnlichkeit in Haltung, Zügen, Sprache etc. nothwendig ein Vorhandensein in den Dimensionen des gegenwärtigen Raumes, und damit auch eine Materialität voraussetzt. Sobald man darum die Materialität von der Auferstehungsleiblichkeit abschneidet, ist die Behauptung eines Wiedererkennens nach der Auferstehung nur eine schöne Phrase, eine in sich unwahre Concession an das Trostbedürfnis trauernder Seelen. Der Trost des Wiedersehens und Wiederhabens nicht blos von Geist zu Geist, sondern auch von Auge zu Auge und von Mund zu Munde klebt an unserer Auffassung.

Aus dieser unserer Behauptung einer naturnothwendigen und unumgänglichen Ähnlichkeit zwischen dem neuen Leibe und unserem jetzigen folgt mit logischer Consequenz auch, daß die geschlechtliche Verschiedenheit, welche bis in die feinsten Nüancirungen auch des geistigen Lebens hineinragt, mit der Auferstehung der Todten nicht aufgehoben werden kann. Oder man müßte denn mit Culmann (Ethik S. 41 ff.) der Ansicht sein, daß die Schöpfung des Weibes einen ersten Sündenfall zur Voraussetzung gehabt habe, so daß die geschlechtliche Unterschiedenheit nun als Folge der Sünde mit der Auferstehung aufgehoben werden müßte. Eine Ansicht, die trotz der geistreichen Berufung auf Gen. 2, 20 schwerlich in evangelischen Kreisen Anhänger finden wird. — Was bei der Verewigung der geschlechtlichen Sonderung wegfallen wird, das ist die Polarität der Geschlechter (vergl. Luc. 20, 35) und die damit zusammenhängende geschlechtliche Liebe, nicht die durch die geschlechtliche Sonderung bedingte geistige Ergänzung des Mannes durch das Weib und des Weibes durch den Mann. Somit wird es auch keine Geburten mehr geben, und der gesammte Proceß des körperlichen Wachsthums wird consequenterweise in Wegfall kommen. Wie es keine gebrechlichen Greise mehr geben wird, so wird es auch keine hülflosen Kinder mehr geben. Wir könnten dem entsprechend uns wohl mit der Ansicht des alten Thomas Aquin befreunden, daß wir alle kommen würden: εἰς μέτρον ἡλικίας τοῦ πληρώματος τοῦ Χριστοῦ, Eph. 4, 13.

Aus unserer vorangestellten Grundanschauung folgt auch, daß eine Ähnlichkeit zwischen unseren jetzigen und unseren dereinstigen Bedürfnissen wird stattfinden müssen. Zwar ein Hungern und Dursten werden wir nicht statuiren können, weil die neue Erde die ganze Gottesfülle des Paradieses und nicht mehr die Armuth des Dornen- und Distelfeldes in sich bergen wird. Aber ein Essen und Trinken wird stattfinden müssen. Das ist auch durchaus biblisch. Man vergleiche, abgesehen von den Stellen der Offenbarung, Matth. 26, 29. Luc. 24, 42. 43 und 22, 29. Selbstverständlich stehen wir nicht an, zu bekennen, daß dies Essen und Trinken von dem jetzigen wohl verschieden sein wird, und daß wir uns unserer Unwissenheit, wie es zu denken sei, nicht schämen. Doch heben wir hervor, daß es uns ein Vorurtheil zu sein scheint, wenn man meint, es setze das Essen und Trinken nothwendig Küche und Keller und den ganzen quälenden Apparat der zur Erzeugung, Beschaffung und Bereitung der Nahrungsmittel jetzt erforderlichen Arbeiten voraus. Thatsache ist es ja, daß mit unserem jetzigen Essen und Trinken viel zu viel überflüssiger Luxus und sündhafter Materialismus verknüpft ist. Dereinst wird man nicht mehr zu leben scheinen, um zu essen. Thatsache ist es aber auch, daß die Lehre von der Ernährung trotz aller Fortschritte in der Chemie heute noch arg in den Windeln liegt, und daß jeden Augenblick Thatsachen bekannt werden, die in das Schema der bisherigen Theorieen absolut nicht passen. Möglicherweise wird dereinst der unter jetzigen Verhältnissen mehr eine komische Figur bildende Vegetarianismus zu Ehren kommen. Wahrscheinlich aber wird auf der neuen Erde eine Ernährungstheorie in Kraft stehen, von der sich unsere organischen Chemiker nichts träumen lassen.

Ob und in wie weit auf unsere dereinstige stoffliche Leiblichkeit und überhaupt auf der neuen Erde das Gesetz der Schwere noch Anwendung finden wird, das liegt im Dunkeln. Daß es ganz aufgehoben werde, scheint bis jetzt dem Begriffe der Materialität zu widersprechen. Aber wir denken uns, daß die menschliche Culturentwicklung noch solche Fortschritte machen werde, daß die Wirkungen der Schwerkraft auf den Menschen so gut wie völlig paralysirt werden. Und bis zu welchen eclatanten Machtwirkungen es dereinst die von den Fesseln der Sünde befreite Willenskraft des Menschen bringen wird, deren Einfluß auf die verborgenen Kräfte der materiellen Welt man jetzt nur eben zu ahnen beginnt, das ist unabsehbar. Jedenfalls wird dereinst kein Punkt der weiten Schöpfung, wo wir Gottes Herrlichkeit studiren können, uns unzugänglich sein.

3. Da nun die neue Erde eine Vielheit von Seligen beher-

bergen wird, die sich wiedererkennen und wiederhaben, so kann man selbstverständlich auch von einem socialen Leben auf ihr reden. Doch müssen wir ebenso selbstverständlich von diesem socialen Leben alle jene unter der Herrschaft der Sünde herangebildeten und durch sie bedingten gesetzlichen socialen Ordnungen ausschließen. Da es keine Sünde, Übertretung, Verbrechen etc. irgend einer Art mehr gibt, da die beiden Pole fehlen werden, die jetzt das gesammte Weltgetriebe in die ehernen Bande des selbstsüchtigen Interesses fesseln: der Hunger und die Liebe, d. i. die geschlechtliche Liebe, da in jedem Herzen die eminent sociale Macht heiliger brüderlicher Liebe das Regiment führen wird, so wird das sociale Leben keiner künstlichen Regulatoren mehr bedürfen. Es wird sich selbst reguliren. Es wird ein freies Beieinander und Miteinander sein, in dem alle die Elemente fehlen, denen man Zaum und Gebiß anlegen muß. Es wird eine über alle irdischen Stammes- und Volks-, Besitz- und Bildungsunterschiede erhabene Gemeinschaft Alle umschlingen. Es wird das Ideal heiliger Liebe, das Paulus 1. Cor. 13 besingt, und welches unser christliches Bewußtsein als unumgängliche Forderung aufstellt, verkörpert dastehen. Und damit wird das ganze sociale Leben toto genere einfacher gestaltet.

Indem alle die äußerlichen gesetzlichen Ordnungen wegfallen, indem die erfinderische, irdische Noth wegfällt, indem alle, die Menschheit vor sich her hetzenden, Leiden und Gebrechen wegfallen, so müssen selbstverständlich auch alle die Berufsarten des Herrschens und Dienens, des Kaufens und Verkaufens, des Pflegens und Wartens, des Heilens und Tröstens aufhören. Und so wird für das sociale Leben nur die höchste Sphäre einer heiligen, sabbathlich feiernden Gemeinschaft übrig bleiben.

Aber dies sociale Leben kann keineswegs ein gemeinsames Träumen, ein dolce far niente sein. Das würde den Keim des Verderbens, der Versumpfung in sich tragen. Das würde dem Ernste der Ewigkeit nicht entsprechen. Und der

Mensch würde auch nicht Gottes Ebenbild sein, wenn er blos feiern wollte. Es muß auch Arbeit auf der n⸗ en Erde geben. — Welcher Art wird diese Arbeit sein? Sormell angesehen wird, weil die Feier Arbeit sein soll, die Arbeit Feier sein müssen. Es wird keiner sagen: ich muß, sondern jeder wird jubeln: ich darf. Es wird die Arbeit Seligkeit sein. Und womit werden wir uns beschäftigen? Selbstverständlich, meinen wir, müssen uns drüben wie hüben die vier Kreise zur Bethätigung angewiesen sein: die Natur, die menschliche Gesellschaft, das eigene Ich und Gott.

Wir werden uns der Natur gegenüber zu beschäftigen haben mit ihrer Durchforschung und Beherrschung. Hier wird die mit dem Weltende abgebrochene Culturentwicklung wieder aufgenommen werden. Nur mit dem Unterschiede, daß wir nun nicht mehr lediglich Suchende sind, die auf's Ungewisse nach der verschlossenen Wahrheit forschen. Wir haben die Wahrheit, das Princip aller Erklärung, denn wir haben Gott. Alles Erkennen ist nun ein seliges Eindringen in die sich immer weiter, immer völliger erschließenden Tiefen der göttlichen Offenbarung, denen wir doch nie auf den Grund sehen werden, weil sie unendlich sind, wie Gott unendlich ist. Es wird ein progressus in infinitum sein. — Und dann werden wir auch als das Centrum der Creatur die Natur beherrschen, ihre Kräfte gebrauchen und in unseren Dienst stellen, sei es zu künstlerischem Schaffen, sei es zu unserer eigenen Vervollkommnung, sei es zur Bereicherung der socialen Gemeinschaft, sei es endlich zur Verherrlichung Gottes. Es wird aber keine brutale Vergewaltigung der Natur dabei mehr stattfinden, sondern weil wir ihre Tiefen, ihre „Seele" verstehen, wird dieses Beherrschen stets ein erfolgreiches, liebevolles und beseligendes sein.

In der socialen Gemeinschaft werden wir uns damit beschäftigen in unbeschränktestem Verkehr im weitesten wie engsten Kreise zu lernen und zu lehren, Liebe zu üben, Dienste zu leisten, Freundlichkeiten zu erweisen etc. etc. Vielleicht mag uns auch eine auf die Apokatastasis hinzielende Arbeit an den Verlorenen gestattet sein.

Uns selbst gegenüber werden wir zu arbeiten haben nicht mehr an der Überwindung sittlicher Gegensätze, sündlicher Mächte, — die sind ja überwunden — wohl aber an der Vertiefung unseres Herzens, an der Erweiterung unseres sittlichen und geistigen Gesichtskreises, an der Veredlung unserer Gedanken, an der Ausbildung unserer körperlichen Gaben und Befähigungen, und vor Allem an der Vertiefung unserer Gottesgemeinschaft, die wir zwar haben, die aber auf jedem Schritt noch eine sittlich zu erwerbende und festzuhaltende bleibt.

Gott gegenüber endlich werden wir zu arbeiten haben an der Erkenntniß seiner Wege und Werke, an der Lösung all der großen Räthsel, die uns hienieden drückten, und an dem Lobpreis seiner Herrlichkeit. Und all diese Arbeit wird Feier sein und wird Seligkeit sein. Und dabei wird es keine atomistische Sonderung der einzelnen Arbeitskreise geben, sondern Eins wird sein im Anderen, Eins mit dem Anderen, Eins durch das Andere. Und in Allem und bei Allem wird Gott mit uns sein. Auch wird dabei keine atomistische Sonderung der einzelnen Arbeiter stattfinden, sondern bei Allem wird Gemeinschaft sein, und der Flügelschlag der anderen Seelen wird auch unserer Seele Flügel leihen.

Es sind herrliche Bilder, die sich da vor uns aufrollen. Die Materialität unserer Leiblichkeit wie der gesammten Natur aber ist es, die wir bei all diesen Bildern vorausgesetzt haben, und in der wir auf Schritt und Tritt nirgends ein Hindernis, überall vielmehr eine Förderung erkennen müssen, weil durch sie alles erst fixirt, plastisch, lebensvoll und lebenswarm wird.

4. Wir haben endlich noch zu zeigen, daß die ewige Gottesgemeinschaft der Seligen auf der neuen Erde, welche den Hauptinhalt unserer Seligkeit bilden wird, auch bei Aufrechthaltung unserer Ansicht von einer dereinstigen materiellen Leiblichkeit nichts Irrationelles in sich trägt.

Wir befinden uns hier in der glücklichen Lage uns auf unsere früheren Bemerkungen berufen zu können, in welchen wir an dem Beispiele des mit materieller Leiblichkeit behafteten Christus zeigten, daß materielle Leiblichkeit und die allerhöchste Form der Gottesgemeinschaft sich keineswegs ausschließen.

Es handelt sich hier nur darum, ob wir bei Annahme einer ewig bleibenden materiellen Leiblichkeit unsere Gottesgemeinschaft auf der neuen Erde uns klar vorstellbar machen können. Denn vorstellbar muß man sich dieselbe doch zu machen suchen, da die Schrift auf das Schauen Gottes auf der neuen Erde einen gewaltigen Nachdruck legt.

Aber das Verlangen, ein Schauen „Gottes an sich" vorstellbar zu machen, überhaupt die Behauptung, daß wir „Gott an sich" schauen würden, scheint uns doch sachlich und biblisch völlig ungerechtfertigt. Denn ein Schauen Gottes mit irgend welchen von dem Innengefühle der Seele verschiedenen Sinnen, und wenn sie auch alle denkbaren Dimensionen wahrnehmen könnten, kann überhaupt nicht möglich sein, weil Gott Geist ist, also nicht etwas Schaubares, sondern lediglich für uns etwas innerlich als Wirkungsmächtiges Fühlbares (vergl. 1. Tim. 6, 16). Der Ausdruck „Gott schauen" kann also nur die Intimität des Gemeinschaftsverhältnisses bildlich bezeichnen sollen. Wir sollen Gott so nahe kommen, Gott soll uns so gegenständlich fühlbar werden, wie uns hienieden etwas nahe ist und gegenständlich ist, welches wir von Aug zu Auge sehen.

Man muß sich eben emporschwingen von dem beschränkten materialistischen Standpunkte, als ob nur dasjenige wirklich real wäre, was irgendwie sinnenfällig wäre, oder werden könnte. Die Wirklichkeit gerade der wichtigsten Realitäten, die unser irdisches Leben bestimmen, wie Kraft, Leben, Liebe, Haß, Freundschaft etc. wird uns keineswegs durch ihre Sinnenfälligkeit bezeugt, sondern durch ihre Wirkung im Centrum unseres Personlebens: im Herzen, im Gemüth, im Gewissen. Und dies

Innengefühl der Seele ist, wenig gesagt, um kein Jota weniger gewiß, als eine auf Sinnenfälligkeit gegründete Überzeugung.

Man muß sich eben emancipiren von dem Vorurtheil, daß man auch etwas Unräumliches, oder sagen wir geradezu, weil man das lieber will, etwas Überräumliches mit irgend welchen, wenn auch noch so himmlischen Sinnen wahrnehmen könnte. Sinne sind ja immer nur Organe einer Innenwelt für eine Außenwelt. Was aber als Äußerliches gedacht werden soll, das muß auch irgendwie eine Ausdehnung haben. Vom Innengefühl der Seele verschiedene Sinne können immer nur mit einem irgendwie Ausgedehnten zu thun haben. Gott aber ist nichts Ausgedehntes, keine extensive, sondern eine intensive Größe.

Die Vertheidiger der sogenannten himmlischen Leiblichkeit suchen es freilich glaubhaft zu machen, daß Gott unbeschadet seiner Unendlichkeit eine bestimmte Ausdehnung, bezw. Form haben könne, und, weil wir ihn schauen sollten, haben müsse. Aber mit wenig Glück. Solch ein Gott ist lediglich eine aus der Unfähigkeit zur Abstraction vom Raume herausgeborene, und mit sich selbst, wie mit der Bibel in eclatantem Widerspruche stehende Fiction. Wir bitten darüber das auf S. 57 ff. Gesagte zu vergleichen, und begnügen uns, kurz die sämmtlichen dagegen sprechenden alten und neuen Gründe zusammenzustellen:

Besäße Gott eine Art himmlischer Leiblichkeit, eine irgendwie, wenn auch mit noch so himmlischen Sinnen wahrnehmbare Offenbarungsform, so würde:

1. „Gott an sich" nicht unendlich sein können; so fehlte

2. die Motivirung für die Weltschöpfung, insbesondere für die Schöpfung einer materiellen Leiblichkeit; so gehörte

3. Gott einem bestimmten Lebensbereiche an, während er doch als der Schöpfer über allen stehen muß; so würde

4. der ganze Gott dereinst uns ein Object der erkenntnißmäßigen Durchdringung sein, wir würden ihn überschauen können, wir müßten also Gottes Gleichen werden; so würde endlich

5. entweder die Trinität zur concreten Einheit Gottes werden, oder der Monotheismus würde in den Tritheismus sich auflösen.

Da nun aber doch immer von einem „Gottschauen" als von dem Zielpunkte unserer Sehnsucht und dem süßesten Ideale unserer Seligkeit in der Schrift die Rede ist, da dies „Gottschauen" nothwendig mehr als ein indirectes Sehen Gottes in seinen Werken sein muß, und da es auch ganz unserer materiell angelegten Art entspricht, daß wir vermöge der Combination von Extensität und Intensität in unserer menschlichen Natur etwas erst ganz zu besitzen und zu haben meinen, wenn wir's auch sehen, wenn's uns auch sinnenfällig wird, so fragen wir, was werden wir denn von Gott schauen, worauf hoffen wir? Hoffen wir etwa blos die Vaterhypostase zu schauen? Gewiß nicht. Sondern wir werden den ganzen Gott schauen. — Natürlich nur sofern das Endliche überhaupt infiniti capax ist. — Steht das aber fest, so ist die Lösung der Schwierigkeit auf Grund der hl. Schrift sofort gefunden. Die Verleiblichung sämmtlicher drei Hypostasen ist ja Christus. Als Logos trägt er das Verleiblichungsprinzip der Vaterhypostase in sich. Als fleischgewordenes Wort, als Erzeugter des hl. Geistes (vgl. Luc. 1, 35) ist er sodann, wie die factische Verleiblichung der Vaterhypostase, so auch der Geisteshypostase, und selbstverständlich seiner eigenen Sohneshypostase. Darum wohnt in ihm $\pi\tilde{\alpha}\nu\ \tau\grave{o}\ \pi\lambda\acute{\eta}\rho\omega\mu\alpha\ \tau\tilde{\eta}\varsigma\ \vartheta\varepsilon\acute{o}\tau\eta\tau o\varsigma\ \sigma\omega\mu\alpha\tau\iota\varkappa\tilde{\omega}\varsigma$, Col. 2, 9. Christus aber, das haben wir zur Genüge dargethan, ist für uns dereinst schaubar, sinnenfällig. Wenn wir also darauf vertröstet werden, daß wir Gott sehen würden, so müssen wir analog dem Ausdrucke des Herrn, Joh. 12, 45. 14, 9, in Übereinstimmung mit der bereits mehrfach angezogenen Stelle Offenb. 21, 23, und in Übereinstimmung mit der von der Schrift behaupteten Unmöglichkeit, daß ein Mensch Gott selber, Gott an sich, sollte sehen können, diese Perspective dahin deuten, daß wir dereinst Gott in Christo schauen sollen.

Es steht also bei näherem Eingehen die Grundanschauung der Schrift auch hier mit unserer Behauptung, daß die neue Erde und unsere neue Leiblichkeit Materialität an sich tragen werde, keineswegs in Widerspruch, sondern weist vielmehr selber darauf hin.

Es fragt sich nur, auf welche Weise die nicht abzuläugnende Möglichkeit Gott in Christo zu sehen, zur Wirklichkeit werden soll? Das heißt mit andern Worten: wie können wir uns eine materiell leibliche Allgegenwart Christi vorstellbar machen? Wir gestehen bei dieser Frage offen, daß wir die aus der communicatio idiomatum gefolgerte leibliche Allgegenwart Christi als eine unbedingte und in jedem Augenblick stattfindende nie haben fassen können. Aber wer an der Allgegenwart der doch irgendwie geformten himmlischen Leiblichkeit Christi keinen Anstoß genommen hat, der darf an der Allgegenwart seiner materiellen Leiblichkeit ehrlicherweise ebenso wenig Anstoß nehmen. Denn Form ohne Materie ist in Gottes Händen nicht schwerer zu handhaben, als Form und Materie zusammen. Jedenfalls ist bei Gott kein Ding unmöglich.

Aber wir meinen, daß man von einer unbedingten Allgegenwart des leiblichen Christus auf der neuen Erde nicht reden darf. Es wird auch dort die Gottesgemeinschaft eine ethisch vermittelte sein müssen. Es wird auch dort Feierstunden geben, welche die factisch empfundene — und von der oben besprochenen göttlichen Lichtsphäre, in der man lebt und athmet, symbolisirte — Gottesnähe und Gottesgemeinschaft so vertiefen, daß es zu einer Verleiblichung zu einem — sit venia verbo — tête à tête mit Christo kommt. Denn das müssen wir als eine Prärogative Christi festhalten, was wir oben S. 42 behaupteten, daß er jederzeit leibfrei ist, d. h. daß er die Leiblichkeit auch dereinst jederzeit wird anlegen und ablegen können.

Zwar auch hier befinden wir uns einem Geheimnis gegenüber. Aber so gut die vollpersönliche geistige Allgegenwart Christi, als des Offenbarers der Gottesfülle und des Mittlers der Gottesgemeinschaft, ein ebenso unvorstellbares als unerläßliches Postulat aller christlichen Frömmigkeit ist, mit eben solchem Rechte müssen wir für ihn — zwar nicht die Wirklichkeit, wohl aber — die Möglichkeit, durch leibliche Erscheinung die Thatsache, daß er, und in ihm Gott, vollpersönlich überall bei den Seinen sei, jederzeit darstellen zu können, postuliren.

Die einzige Stelle, welche unserer Ansicht, daß wir dereinst in Christo die gesammte zur Offenbarung geeignete Gottesfülle sehen, haben und genießen würden, zu widersprechen scheint, ist 1. Cor. 15, 28. Da wir aber für den Doketismus, daß in Christo nur auf Zeit Gottheit und Menschheit sich vereinigt hätten, keinerlei Berechtigung nachweisen können, so müssen wir behaupten, daß diese Stelle nur folgende Auslegung zuläßt: Wenn dereinst die Arbeit der Erlösung zum entschiedenen Abschluß gebracht ist, dann wird Christus seine eigenthümliche, selbständige Stellung, sein selbständiges Wirken als Erlöser aufgeben. Christus als Christus wird aufhören, aber Christus als Träger des πλήρωμα τῆς θεότητος, und als die unverwischbare Darstellung der Vereinigung der Gottheit und Menschheit wird davon nicht berührt. Der wird in Ewigkeit bleiben.

Und so halten wir denn in allen Instanzen fest, was wir als die strenge Consequenz des göttlichen Weltplanes, als logisch richtig, biblisch begründet, wissenschaftlich unanfechtbar erkannt haben:

Leiblichkeit, materielle Leiblichkeit ist der Anfang, materielle Leiblichkeit muß auch das Ende der Wege Gottes sein.

Schluß.

Wir blicken zurück. In immer schärferer Zuspitzung hat sich ein principieller, in der grundlegenden Betrachtung der Schöpfung präformirter, in der abschließenden Betrachtung der Ewigkeit völlig ausgeprägter Dissensus zwischen unserer und der gegnerischen Auffassung herausgestellt. Dieser Dissensus besteht nicht sowohl darin, daß wir bedingungslos die Materialität als ein in Ewigkeit bleibendes integrirendes Moment des menschlichen Personlebens in Anspruch nahmen, als vielmehr darin, daß wir nicht blos die Bestimmung des Menschen für eine sinnlich-übersinnliche Welt, sondern diese sinnlich-übersinnliche Welt selber zu läugnen uns gezwungen sahen. Aber indem wir diesen Dissensus unumwunden aussprechen, möchten wir uns um so mehr jede Mißdeutung verbitten. Es ist uns nicht eingefallen, die Realität einer übersinnlichen Welt, die Existenz einer Geisterwelt zu läugnen. Aber wir haben Ernst gemacht mit der Erklärung der Bibel, daß Gott und die Engel πνεύματα seien, und demnach keine ihnen per se zukommende, oder beständig von ihnen geführte Leiblichkeit haben könnten. Und wir haben hervorgehoben, daß auch alle von der Schrift berichteten Gottes- und Engelerscheinungen uns darin nicht irre machen könnten, weil das Erscheinende an diesen Erscheinungen immer formell und materiell, subjectiv und objectiv der diesseitigen Welt habe angehören müssen, wenn es in ihr sollte wirken und wahrgenommen werden können. Was wir läugnen, das ist lediglich die der gegnerischen Ansicht zu Grunde liegende Behauptung, daß es in jener übersinnlichen Welt eine Art leiblicher Form, sinnlicher Organisation, sinnlicher Wahrnehmung und Wahrnehmbarkeit gebe und geben müsse, ja daß es eigentlich keine intensive Größe geben könne, ohne daß ihr auch eine gewisse Extensität zukomme. Und ist es uns vielleicht auch nicht gelungen, den völlig stringenten Beweis zu erbringen, so haben wir doch jedenfalls bisher nur zu sehr übersehene Schwächen der üblichen Auffassung aufgedeckt.

Daß wir unsere eigene Position über allen Zweifel sicher gestellt und mit unserer Behauptung, daß der Mensch nur für eine materielle Welt bestimmt und organisirt sei, eine Frage zum Abschluß gebracht hätten, an deren Lösung seit Jahrhunderten gearbeitet ist, das maßen wir uns entfernt nicht an zu behaupten. Wir beabsichtigten nur unwiderleglich zu zeigen, daß es sich hier um eine Frage von so eminent fundamentaler Bedeutung handle, daß ihre Beantwortung auf die Beurtheilung fast aller wichtigen ethischen, dogmatischen und religionsphilosophischen Probleme entscheidend wirke. Wir beabsichtigten, nur an unserem geringen Theil die theologische Speculation zu veranlassen, die bisher so stiefmütterlich behandelte und in den Zusammenhang mit der gesammten religiösen Weltanschauung kaum je consequent einzugliedern versuchte Lehre von den letzten Dingen einer Revision zu unterziehen.

Wir haben dabei freilich manches altgewohnte religiöse und philosophische Dogma antasten müssen, aber wir haben das gute Bewußtsein, daß man uns nirgends auf den Wegen banalen Unglaubens und oberflächlichen Halbglaubens, sondern immer in den Spuren des festbegründeten und selbstbewußten Glaubens finden wird. Und so wagen wir denn mit der Bitte jenes Griechen zu schließen:

Πάταξον μέν, ἄκουσον δέ!

www.ingramcontent.com/pod-product-compliance
Lightning Source LLC
Chambersburg PA
CBHW020149170426
43199CB00010B/960